अरुण कमल

अरुण कमल का जन्म 15 फरवरी, 1954 को नासरीगंज, रोहतास, बिहार में हुआ।

उनकी प्रमुख पुस्तकें हैं—'अपनी केवल धार', 'सबूत', 'नये इलाके में', 'पुतली में संसार', 'मैं वो शंख महाशंख', 'योगफल', 'पचास कविताएँ', 'चुनी हुई कविताएँ', 'रंगसाज की रसोई' (कविता-संग्रह); 'कविता और समय' तथा 'गोलमेज' (आलोचना); 'कथोपकथन' (साक्षात्कार)। अनुवाद—अंग्रेजी में समकालीन भारतीय कविता के अनुवादों की एक पुस्तक 'वायसेज़'। वियतनामी कवि तो हू की कविताओं तथा टिप्पणियों की अनुवाद-पुस्तिका। साथ ही मायकोव्स्की की आत्मकथा के अनुवाद एवं अनेक देशी-विदेशी कविताओं के अनुवाद। अन्य भारतीय व विदेशी भाषाओं में उनकी कविताएँ तथा कविता-पुस्तकें अनूदित हुईं।

उन्होंने नामवर सिंह के प्रधान सम्पादकत्व में 'आलोचना' पत्रिका का सम्पादन (सहस्राब्दी अंक 21 से) किया।

उन्हें कविता के लिए 'भारतभूषण अग्रवाल स्मृति पुरस्कार', 'सोवियत लैंड नेहरू अवार्ड', 'श्रीकांत वर्मा स्मृति पुरस्कार', 'रघुवीर सहाय स्मृति पुरस्कार', 'शमशेर सम्मान', 'निराला स्मृति सम्मान' और 'नये इलाके में' पुस्तक के लिए 1998 के 'साहित्य अकादेमी पुरस्कार' से पुरस्कृत किया गया।

वे पटना विश्वविद्यालय से अंग्रेजी के अध्यापक पद से सेवानिवृत्त हुए।

ई-मेल : arunkamal1954@gmail.com

प्रतिनिधि कविताएँ

अरुण कमल

सम्पादक
प्रेम रंजन अनिमेष

राजकमल पेपरबैक्स

राजकमल पेपरबैक्स में
पहला संस्करण : 2013
पाँचवाँ संस्करण : 2025

राजकमल पेपरबैक्स : उत्कृष्ट साहित्य के जनसुलभ संस्करण

राजकमल प्रकाशन प्रा.लि.
1-बी, नेताजी सुभाष मार्ग, दरियागंज
नई दिल्ली-110 002
द्वारा प्रकाशित

शाखाएँ : अशोक राजपथ, साइंस कॉलेज के सामने, पटना-800 006
पहली मंजिल, दरबारी बिल्डिंग, महात्मा गांधी मार्ग, प्रयागराज-211 001
1, अनमोल सोराबजी संतुक लेन, धोबी तलाव, मरीन लाइंस, मुम्बई-400 002
वेबसाइट : www.rajkamalprakashan.com
ई-मेल : info@rajkamalprakashan.com

बी. के. ऑफसेट
नवीन शाहदरा, दिल्ली-110 032
द्वारा मुद्रित

मूल्य : ₹199

PRATINIDHI KAVITAYEN
Representative Poems of Arun Kamal
Edited by Prem Ranjan Animesh

ISBN : 978-81-267-2409-3

भूमिका

अ से अरुण क से कमल

1980 में अपनी पहली कविता पुस्तक *'अपनी केवल धार'* से समकालीन हिन्दी कविता को नव्य तेज और ऊष्मा से भरनेवाले अरुण कमल की कविता का उर्वर प्रदेश लगभग तीन दशकों में फैला हुआ है।

अरुण कमल हिन्दी की उस पहली कवि पीढ़ी के अग्रणी कवि हैं जिसने नवस्वतंत्र भारत के प्रथम दशक में जन्म लिया और दायस्वरूप जिसे निराला, मुक्तिबोध, शमशेर, त्रिलोचन, केदार, नागार्जुन, रघुवीर सहाय और केदारनाथ सिंह सरीखे कवियों की वह प्रगतिशील विरासत मिली जिन्होंने उनसे पूर्व अपनी कविता में यह स्वतंत्र-चेतना अर्जित की थी। इन सारे अग्रज कवियों से अपनी कविता के श्रेयस तत्त्वों को अपने समय और परिवेश के बरक्स अनुकूलित, समाहित और समायोजित करते हुए भी अरुण कमल और उनके सहयात्रियों ने (अपनी निजता और वैशिष्ट्य के साथ) समवेत रूप में आठवें दशक में समकालीन हिन्दी कविता को एक नई संवेदना दी। यह कहा जा सकता है कि अरुण कमल की कविता में उस अभिनव काव्य सम्भावना का आद्यक्षर और उसका पूरा ककहरा दिखाई पड़ता है, जिससे हिन्दी कविता का नया चेहरा आकार लेता प्रतीत होता है। उनके पाँच संग्रहों–*'अपनी केवल धार'*, *'सबूत'*, *'नए इलाके में'* *और 'पुतली में संसार'* तथा *'मैं वो शंख महाशंख'* की यात्रा एक लम्बी और महत्त्वपूर्ण विकास यात्रा है, जिसमें खुरदरे तौर पर कहें तो वे निजता, स्वाधीनता, देशकाल एवं संसार की वृहद् परिधि में अपनी कविता का वितान रचते हैं, इन सबको बरतते, सहेजते और अतिक्रान्त करते हुए भी।

अपनी केवल धार और *सबूत* का व्यक्ति व समाज का सन्धान कविता और मनुष्यता के लिए एक नए इलाके की तलाश में बदलता है और आगे चलकर *पुतली में संसार* के पर्यवेक्षण में प्रसरित होता है।

अरुण कमल की कविता की बहुत बड़ी विशेषता वह अपनत्व है जो बहुत हद तक उनके व्यक्तित्व का ही हिस्सा है। उनकी कविताओं से होकर गुजरना एक अत्यन्त आत्मीय स्वजन के साथ एक अविस्मरणीय यात्रा है। यह अपनापा उनके कवित्व और व्यक्तित्व दोनों को एक साथ गहन और पारदर्शी बनाता है जो एक दुर्लभ संयोग है। तर्क और विचार भी उनकी कविता में आते हैं तो अत्यन्त आत्मीय और मानवीय होकर– *'...लोग जब एक साथ सोए/उसने कभी अकेले मसहरी नहीं बाँधी'* (अपवाद)। यह आत्मीयता उनकी कविता को एक सहज पठनीयता भी प्रदान करती है, वह सहजता जो अन्यत्र दुर्लभ हो चली है। उनके पाँच संग्रहों को एक बैठक में पढ़ा जा सकता है। अरुण कमल की कविता में उतना ही सुघर रचाव है जो उसे सहज, सुन्दर और आत्मीय बनाता है– किसी ग्राम्य सुन्दरता की तरह। *'सबूत'* के *'कथावाचक'* के शब्दों में कहें तो उनकी कविता कुछ ऐसा ही आत्मीय आमंत्रण देती सी लगती है–

कहना सबको सबको लाना
बच्चे बूढ़े नारि सभी को
बीच बीच में अर्थ
भी थोड़ा कर दूँगा मैं
हाँ हाँ बेटे...शंख बजेगा, आना

और *'अपनी केवल धार'* की कविता *'अर्पण'* की तरह यह सहभावना–

एक ही तो हैं हमारे लक्ष्य
एक ही तो है हमारी मुक्ति
साथ-साथ मिलकर चलेंगे हम...

अरुण कमल की कविताएँ एक साथ अनुभवजन्य हैं और अनुभवसुलभ। कविता में अपने अनुभूत को लिखने का काम समकालीन कविता में कई

लोग कर रहे हैं, लेकिन बारहा कवि का अनुभूत यथार्थ पाठक के 'अनुभव योग्य' नहीं हो पाता। इसे साधने और सम्भव करने के लिए अभिव्यक्ति की ईमानदारी और अभिव्यक्ति कौशल का जो सम्मिलन कविता में चाहिए वह अरुण कमल की कविताओं की खूबी है। इसलिए जब पंजाब के मजदूर *(यात्रा)* या मध्यप्रदेश के आदिवासी *(तमसो मा ज्योतिर्गमय)* या वियतनाम और कम्बोडिया के लड़ाके *(मई का एक दिन)* उनकी कविता में आते हैं तो एक साथ कवि और पाठक दोनों के यथार्थ का हिस्सा लगते हैं। अपनी इसी खूबी की बदौलत वे एक साथ जीवन के किसी छोटे कार्य-व्यापार *(वृद्धि, भाग्य-फल)* या अखबार की एक छोटी-सी उपस्थित या अनुपस्थित *खबर* या *अपील* में एक खरी कविता देख और खोज पाने में सफल रहते हैं। और यही उनकी कविता में ऐसी समानुभूति भी भरती है—*नदी, तुम अपनी धार को/लटाई पर लपेटे धागे-सा ढील दो/पटा दो उस मजदूर का शरीर/उस खेत को पटा दो* (स्नान-पर्व)। *उर्वर प्रदेश* हो, *कल्याणी* या *धरती और भार*—पाठक को कवि का यह अनुभव जगत एकदम अपना अनुभव संसार लगता है, जिसे दिखाते हुए 'कवि की आँख' भी आड़े नहीं आती।

अनछुए बिम्ब, अभिन्न पर कुछ अलग से, अरुण कमल के काव्य जगत में सहज ही ध्यान खींचते हैं और अपने समकालीनों में उन्हें एक अलग पहचान देते हैं। यह उनकी कविता को इसलिए भी और उल्लेखनीय बनाता है क्योंकि ऐसी बिम्बग्राही दृष्टि फिलहाल हिन्दी कविता में दुर्लभ होती जा रही है। उनके पहले ही संग्रह *(अपनी केवल धार)* से गुजरते हुए हमें खींचते हैं—अन्धड़ में ललाट से ललाट टकराते पेड़, चेहरे पर भविष्य की तेज धाह, बच्चे जिनके तलवों में माँ के दूध की हलचल, आवाज पेचों-सी छेदतीं, अन्धकार के पटरे, सूर्यमुखी फूलों-सी सैकड़ों आँखें, दूर दूर तक झर गया भूरा आकाश, धूल से मढ़ी बत्तियों की रोशनी, बरगद के टूसे-सी टहक रही देह, गमछियों में कसकर बाँधता धुआँ, धरती पर राई-सी छितराती पाँवों की थाप, अन्धकार की कसी गिरह-सा संसार, ग्रीष्म का नीला आकाश कुछ ज्यादा ऊपर उठा

हुआ, दूर एक फूला हुआ पाल, जमीन से उखड़ी हुई रेशेदार जड़ों-सी झुर्रियाँ, पीपल के पत्ते-से नए-नए हाथ, फिर से कंछा फेंकता जीवन...। जीवन में जीवन्तता और प्राण में प्राणवत्ता की तरह उनकी कविता में द्युतित होते हैं ये बिम्ब। और उनके कवि के आरोह के साथ उनकी कविता में गसी हुई बिम्बों की यह समृद्धि किस तरह बढ़ती है, इसके लिए *'नए इलाके में'* की एक कविता *(सातवीं कक्षा के एक विद्यार्थी का शोध-प्रबन्ध)* की एक बानगी शायद यथेष्ट होगी।

अब सब कुछ नए नियम से कहना चाहिए
यानी एक किरण को एक किरण नहीं सात रंग
और कदम्ब के रोएँदार फूल को सैकड़ों फूलों का गुच्छा
और एक आँख तिलचट्टे की हजार आँखों का पुंज
अलग अलग देखती फिर भी एक साथ एक
और एक देह को करोड़ों कोशाओं का छत्ता
और एक पृथ्वी नील पद्म शंख महाशंख जीवों का
लाल पीला हरा शामियाना...

अरुण कमल के ही बिम्ब लेकर कह सकते हैं कि उनकी कविता खूब चौड़े थनवाली गाय है *'जिसके चलने भर से छीमियों से झरता हो दूध'* और उनका अभीष्ट एक ऐसी हरी-भरी दुनिया जो दरअसल *'बच्चों की दौड़ से हिलता हुआ घर'* है। कवि के अग्रदूत वे हैं *'जो सबसे नेक हैं, सबसे दयालु जो ठगे जाने की हद तक सरल'* और उसकी आस्था कि *'वे ही आएँगे आगे/और ले चलेंगे प्रकाश की ओर...'* (हमारे युग का नायक)

कविता को असफल का फल कहते हैं, इस अर्थ में कि जिनकी सब अनदेखी करते हैं, वह उन्हें देखती है। अपनी अग्रज कविता पीढ़ी और दूसरे समकालीनों की तरह अरुण कमल की कविता भी उस अतिसाधारण की असाधारणता को हमारे सामने लाती है—मगर बिलकुल अपनी तरह, सच्ची सहानुभूति और गहन संवेदना के साथ। वे जिन्हें मनुष्य का जीवन तो मिला है पर मनुष्य-सा जीवन नहीं, सभ्यता के तथाकथित विकास में

जिनके लिए एक आदिम आदमी का जीवन भी दूभर है, उनकी कविता उन्हीं बेघरों का घर है–

बिलकुल निहत्था पर हाथ बिना ऊपर उठाए
मैं हत्यारों के पास जाना चाहता हूँ...
केवल शब्दों का फाहा लिये
जाना चाहता हूँ
उसकी तरफ से
जो सबसे कमजोर है
जो अपने कौर के लिए भी हाथ नहीं उठा सकता
जो न शासक बनना चाहता है न शासित
पर जो लक्ष्य केवल लक्ष्य वीर धनुर्धरों का...

(सोए में चलना)

अत्यन्त साधारण लोग, चरित्र, जीवन-स्थितियाँ, कार्य-व्यापार और दैनन्दिन की मामूली-सी धूल-मिट्टी चढ़ी बातें और चीजें उनकी कविता में अपना अलौकिक अन्तरंग प्रकाशित करती हैं और उनसे गुजरनेवालों को भी वैसा ही अहसास होता है जैसा कवि को स्वयं। जब अन्धड़ में सब कपाट लगाए ललाट से ललाट टकराते बिजलियों को देह में सोखने को उद्यत धरती की ओर से गरजते पेड़ों के प्रतिरोध को आँख से अनकिये होते हैं, कवि उस ओर आमंत्रित करता है : *ठहरेगा कौन इस राह पर आज। देखेगा कौन इन संघर्षरत वृक्षों का/दुर्धर्ष सौन्दर्य?* (सौन्दर्य) उनके काव्य संसार में सबसे अन्तिम फल 'जो पड़े डाल पर ज्वाए टेढ़े बाँगुर' वही अगली ऋतु के लिए सहेजे जानेवाले 'अमरफल' हैं और कूड़े-करकट, बदबू से भरे गन्दे मुहल्लों में रहकर अगरबत्तियाँ बनानेवाले गन्दे लोग इस दुनिया की सारी *खुशबू रचते हाथ।*

आठवें दशक के कवियों की एक विशेषता है अतिरोध–यानी किसी भी तरह के अतिरेक से परहेज। यह उन्हें ठीक अपने पहले प्रचलित तारस्वर कविता से अलग करती है जिसमें खासकर राजनीतिक आशयोंवाली लाउड कविताएँ लिखी गई थीं। आठवें दशक के कवियों की कविताएँ

घर, पास–पड़ोस के जीवनानुभवों से पाठकों को एक तरह से विश्वास में लेकर अपनी बात कहती हैं और वैचारिक प्रतिबद्धताएँ भी वहाँ हार्दिकता और कविता के कहन में छन–निथरकर सामने आती हैं। उनमें हत्यारों की हत्यारों की तरह से पहचान है, और उन्हें हत्यारा कहने की साफगोई और साहस भी, लेकिन वहाँ तरजीह जनता और साधारण जन की अन्दरूनी ताकत की पहचान तथा उसके संघर्षों और प्रतिरोध को आगे ले आने के लिए है। अरुण कमल जनता के इस जीवट और जुझारूपन को बड़े धैर्य और आत्मीयता से अपनी कविता में उकेरते हैं–कुछ इस तरह कि जीवन–रण में पड़े उस साधारण मनुष्य की शक्ति कविता की शक्ति बनती है और कविता की शक्ति मनुष्य और मनुष्यता की शक्ति। कविता और जनता की यही दुर्लभ पारस्परिकता, बिना किसी अतिशयोक्ति के, अरुण कमल की कविताओं को महत्त्वपूर्ण बनाती है। वह झड़प या नारेबाजी की तरह नहीं, विमर्श और मन्थन की तरह रखती है मुद्दों को। वह उग्रतर होती है तो एक तीखी बहस का रुख अख्तियार करती है। वहाँ मानवीय प्रतिरोध प्रबल होता है और उसके सहज दुख, शोक और उनके भीतर से निःसृत विश्वास–

लेकिन इतना तय है कि रुक/जाऊँ अगर तो टूटेगा विश्वास/और यही तो हर हालत में/हमें बचाना, चलिए साथी। (यही बचाना)

खत्म हो जाएगा एक किन मूर्खों का राज/पकवानों का भोग छकता महन्त/हथगोलों, बारूद का ढेर गिनता सन्त/और माफिया गिरोहों के डॉन/नष्ट हो जाएँगे एक दिन/तब, जिनकी आत्मा सबसे पवित्र है/तब, जो जगे हैं, रात भर बेचैन ओस से भरे/वे ही आएँगे आगे/और ले चलेंगे सबको प्रकाश की ओर। (हमारे युग का नायक)

अरुण कमल की कविता बिना किसी अतिवाद के आदमी के उस अन्तर्बल को रेखांकित करती है जिसके सहारे वह *'टूटकर गिरने के बाद भी/दूर कुछ चला जाता लड़खड़ाता'*। शिल्प के स्तर पर भी यह सजग अतिहीनता परिलक्षित होती है, अगर *उल्लंघन* कविता की पंक्तियाँ लेकर कहें तो–

'और ये दोनों कला की दो अतियों के प्रमाण हैं/और इसलिए एक दूसरे के तोड़ भी/और मजे की बात यह कि दोनों ही उल्लंघन हैं/यथार्थ का।'

अरुण कमल की सबसे सधी कविताओं में अनन्य अर्थगौरव और अनुगूँज है। वह अर्थगुरुता या अर्थगहनता जिससे कविता पन्नों पर जहाँ खत्म होती है वहाँ खत्म नहीं होती बल्कि अपने अर्थ और असर की अनुगूँजों से पढ़ने सुननेवालों के मन-मानस में अपने को फिर से सृजित करती है। एक ऐसा काव्य-सौष्ठव जो बिना रत्ती भर भी उसका वजन कम किए कविता के आयतन को दस गुना कम कर देता है, जिससे हिमखंड की तरह बस उसकी नोक पानी के बाहर यानो पन्नों पर नजर आती है और शेष अपने अर्थजल में डूबी हुई। यहाँ संकलित *'नींद'*, *'वापस'* और *'स्वप्न'* ऐसी ही काव्य-कला की उदाहरण हैं, अरुण कमल के ही शब्द लेकर कहें तो ऐसी कविता जिसमें इतनी आग पर इतनी कम राख।

शिल्प के स्तर पर इसी से जुड़ा एक अवयव है इन कविताओं का कसाव, कमखर्ची या किफायत। *'जरा-सा शहद/एक बूँद की भी बूँद/ ऐसे भरना कि जरा भी जाया न जाए*-'उल्लंघन' कविता में एक तरह से जैसे अपनी काव्य-साधना को ही शब्द देते हुए वे इस ओर संकेत करते हैं-*लोग बहुधा कला की बात करते हैं/उनसे मेरा कहना है/कि हाथी बनाने से कहीं ज्यादा/बहुत मुश्किल है चींटी बनाना...।* मगर उसी कविता में वे आगे यह भी कहते हैं-*वैसे यह भी सही है कि जिसमें ढेर सारा शहद है/वह करोड़ों चींटियाँ रचने के बजाय/एक अच्छा-सा हाथी क्यों न बनाएगा, बल्कि निर्मित करेगा?*

हर विशिष्ट कवि की तरह अरुण कमल की भी अपनी कहन है-वह कहन जो कवि की सोच को उसकी कविता की तरह पन्नों पर उतारती है। अरुण कमल की भाषा एक सहज, सार्थक और आत्मीय काव्यभाषा है। अपनी कविता में प्राणवान हिन्दी गद्य की बोलचाल व स्वगत की अन्तर्लय के उपयोग के अलावा वे बीच-बीच में, तुक और

छन्द के प्रयोग से काव्यभाषा का आस्वाद बदलते रहते हैं *(कथावाचक, उत्सव, यहीं बचाना, ढेला पत्ता)*! अरुण कमल की कई कविताओं में अन्त में उक्तिवत् दो पंक्तियाँ आती हैं, सॉनेट के 'कपलेट' की-सी, जो बाज वक्त तुक से लैस भी होती हैं–

न विवशता, न थकान, न स्यापा
हो, तो जिन्दगी की नोक हो बुढ़ापा **(बुढ़ापा)**

प्रजातंत्र का महामहोत्सव छप्पन विध पकवान
जिनके मुँह में कौर मांस का उनको मगही पान। **(उत्सव)**

सूखे कुंड में मूर्ति विसर्जन
से रही हवा पृथ्वी पर जीवन **(सबसे ऊँची छत पर)**

कैसे सिल पर घिसूँ जायफल
तेल ठोप भर, ज्यादा गाद। **(आत्मकथा)**

ग्रहण के बावजूद सूर्य ही रहा सूर्य
ग्रहण के बावजूद सूर्य ही होता है सूर्य। **(सूर्य ग्रहण)**

सूक्तियों सरीखे ये अभिकथन एक तरह से अरुण कमल की बिम्बात्मकता के पारस्परिक पूरक का काम करते हैं, और दोनों का समन्वय एक दूसरे की इकहरी उपस्थिति से बचाता है और खटकने, चुभने या गड़ने से भी।

'बगीचे बधारों के थोड़े से बोल' पूँजी की तरह अपने मैदानी खेतों से समेटे अरुण कमल शब्दों में हरियरी और धूर जैसे भोजपुरी के शब्दों का प्रयोग करते हैं तो मैथिली बोली के कज्जल (जल) का भी, पर उनके यहाँ शुरू से यह शऊर और सलीका रहा है अपनी कविता में इस आंचलिक स्पर्श को बरतने का। वह कहीं सायास या अतिरिक्त नहीं होता बल्कि कविता में खपकर इस्तेमाल होता है–*'ठोप'* का प्रयोग वे वहीं करते हैं जहाँ बूँद वह बात नहीं कह पाती। इसके अलावा हिन्दी के शब्दों

का भी वे कई जगह अपने और अपनी कविता के मिजाज के मुआफिक इस्तेमाल करते हैं–जैसे *'तै', 'केतना', 'आहिस्ते', 'आखरी'* आदि, जो कि एक काव्यात्मक स्वतंत्रता है जिसका कविता के हित में या काव्यानन्द के लिए जहाँ सार्थक इस्तेमाल हो सकता है और किया भी जाना चाहिए। यह भी उस कौतुक का ही हिस्सा है जो इस बात की ओर ध्यान दिलाता है कि काव्यभाषा के प्रति कवि की प्रवृत्ति में सँभाल और साहस दोनों का होना लाजिम है।

कौतुक किसी कवि का लगभग एक अनिवार्य अंग होता है। वह कवि को न सिर्फ चीजों को नए ढंग से देखने की आँख देता है बल्कि खुद अपनी कविता को भी। यह उसकी दीर्घजीविता बढ़ाता है, उसकी कविता को ऊर्जा और स्फूर्ति देता है और गझिन व दिल-दिमाग पर ज्यादा जोर डालनेवाली कविताओं के लिए स्पेस भी सृजित करता है। अरुण कमल में यह बड़े सूक्ष्म, सधे और प्रच्छन्न रूप से विराजमान है। यह भी उल्लेखनीय है कि यह गुण अरुण कमल की बाद की कविताओं में बढ़ता गया है, जबकि आमतौर पर आगे चलकर यह शगल या चुहल कई बार कम होती जाती है। यदि पहले संग्रह में *'खबर'* और *'भाग्य फल'* जैसी कविता का निर्माण यह काव्य कौतुक करता है तो दूसरे में *'उत्सव'* जैसी मारक कविता का, जो कवि कौतुक के गम्भीर इस्तेमाल का दुर्लभ उदाहरण है। तीसरे संग्रह में *सातवीं कक्षा के एक विद्यार्थी का शोध-प्रबन्ध, ऑपरेशन के बाद, अगहन, अकेले ताड़ की गाथा, श्राद्ध का अन्न, संयोग, असत्य के प्रयोग, घोषणा, संविधान का अन्तिम संशोधन, ढेला और पत्ता, नैतिक प्रश्न, गृहप्रवेश* और चौथे संग्रह में *सूचकांक, उधर के चोर, पक्ष का कारण, बैठकी, राजकीय सम्मान, बिछावन, एक घटना, सींग, फरमाइश, वृथा* आदि कविताएँ उसी बारीक काव्योचित कौतुक की विभिन्न छटाओं की बानगी सामने रखती हैं।

कर्मठता अरुण कमल की कविताओं की एक और खासियत है–देखने-सुनने के अलावा कुछ करने की धमक भी है उनकी कविताओं

में, और इस कुछ करने में यात्राएँ और विदा करना भी शामिल है। उनकी कविताओं में हाथ खुशबू रचते हैं, स्त्रियाँ गीत गाती सूप में दाने फटकती हैं और पेड़ ललाट से ललाट सटाए आँधियों का मुकाबला करते हैं। सुगुंफित जीवन के सर्जनात्मक कार्य-व्यापार उनके रचना-संसार को अनुगुंजित करते हैं। यही कर्मठता उनकी कविता को एक कोमल करुण कठोरता देती है। यह कठोरता जहाँ बीजों में फूटे अंकुरों और घास पर पड़ी ओस तक ले जाती है, करुणता नवजात उपेक्षित बच्ची को प्यार करने के लिए प्रवृत्त करती है, वहीं उनकी अडिग कठोरता निहत्थे होते हुए भी हत्यारों का सामना करने और उन्हें चुनौती देने की दृढ़ता प्रदान करती है तथा सच्चाई आदर्शों और मूल्यों के पथ पर अविचल टिके रहने की। उनके व्यक्तित्व और कवित्व में अन्तनिर्हित मानवीय करुणा और कोमलता *'लौ'* तथा *'बच्चों के डॉक्टर की मौत पर'* जैसी कविताओं में निःसृत होती है, और *'सखियाँ'* सदृश अनूठे काव्य-चित्रों में।

अरुण कमल आम आदमी को बेइन्तहा प्यार करते हैं, पेड़ों को, झरनों को, पंछियों को, बीजों को, कोंपलों को। उनके बाद के संग्रहों में प्रेम के कुछ दुर्लभ स्पर्श मिलते हैं, जिसमें *'नींद', 'चेहरा', 'अभिसार'* जैसी कविताएँ शामिल हैं। उनके यहाँ प्यार की गाथा या पेंटिंग नहीं, जैसे कोई अनछुआ बिम्ब-सा है और *'चुम्बन के बीच...पसीने के नमक का स्वाद।'* चौथे संग्रह *'पुतली में संसार'* की यह कविता सम्भवतः अरुण कमल के काव्य-संसार में सर्वाधिक ऐन्द्रिक प्रेम कविता है :

और तुम इतना आहिस्ते मुझे बाँधती हो
जैसे तुम कोई इस्तरी हो और मैं भीगी सलवटों भरी कमीज
तुम आहिस्ते-आहिस्ते मुझे दबाती, सहला रही हो
और भाप उठ रही है और सलवटें सुलट खुल रही हैं
इतने मरोड़ों की झुर्रियाँ—
तुम मुझमें कितनी पुकारें उठा रही हो
कितनी वंशियाँ डाल रही हो मेरे जल में

मैं जल चुका कागज जिस पर दौड़ती जा रही आखरी लाल चिनगारी
मैं तुम्हारे जाल को भर रहा हूँ मैं पानी।

(अनुभव)

यह इस बात की भी निशानदेही है कि जब रचने पर आते हैं तो अरुण कमल कितने कम शब्दों में कितनी सान्द्र प्रेम कविता रचते हैं–और कितनी पुकारें उठाती हुई।

कहते हैं, किसी अच्छे कवि में अपने समय के स्वरों के अलावा आनेवाले कल की चाप होती है। आज में रखा हुआ कविता का आईना अपने दोनों ओर के कल को देखता है। वैसे भी, वर्तमान को बेहतर और भविष्य को सुन्दर बनाने की कोशिश ही समकालीन साहित्य की धड़कन है, और यही उसे सर्वकालीन भी बनाती है। अरुण कमल की कविता में कल की विकलता एक बेचैन आवेग की तरह भरी हुई है। आज स्थिति क्या है, हालात कैसे हैं और किस तरफ जा रहे हैं और क्यों, इसके साथ कल की कैसी सूरत बन रही है–इन उद्वेलित करनेवाले प्रश्नों से अरुण कमल की कविता लथपथ है। कल की यह विकलता ही उन्हें व्यक्ति और समाज, देश और दुनिया से जुड़े भयावह 'दुःस्वप्न', 'भय' और 'आशंकाओं' से दो-चार कराती है, और वही उनसे 'मुठभेड़' कर 'हमारे समय का नायक' जैसी कविता भी देती है।

अरुण कमल के अब तक प्रकाशित पाँच कविता संग्रहों का रूपक जोड़ें तो जहाँ पहले संग्रह *अपनी केवल धार* में कवि की प्रथम छवियाँ हैं, दूसरा *(सबूत)* उन जीवन-छवियों के लिए साक्ष्य रखता है, तीसरे संग्रह से कविता के नए इलाके में वह प्रवेश करता है जो अन्ततः उसे पुतली में संसार का पता देता है। इन सबके बाद सद्यः प्रकाशित ताजा कविताएँ संकेत देती हैं कि उसके काव्यलोक में अनेक अलक्षित आकाशगंगाएँ अभी दीपित-द्युतित होनेवाली हैं *'मैं वो शंख महाशंख'*। पहले संग्रह की कविता *'वृद्धि'* का बिम्ब लेकर कहें तो उसका काव्योत्कर्ष *'उन्हीं ऊँचाइयों तक'* ठिठके हाथों को और उठाकर ले जाता है *'ऊपर बहुत ऊपर... ।'* वक्त के साथ इस कविता की देह भी भर गई

है, आँखें उमगी हुईं, चेहरा उत्तप्त। कवि का सतत सृजन कर्म उसकी इसी अप्रतिहत विकास–यात्रा के प्रति आश्वस्त करता है। *अपनी केवल धार से 'मुक्ति'* की पंक्तियाँ दुहराते हुए कहें तो–

अभी भी जिन्दगी ढूँढ़ती है धुरी
अभी भी जिन्दगी ढूँढ़ती है मुक्ति
कहाँ अवकाश, कहाँ समाप्ति
अभी ही शुरू हुई जिन्दगी
अभी ही चरखे में डाली है पूनी।

–प्रेमरंजन अनिमेष

अनुक्रम

भूमिका (अ से अरुण क से कमल) 5

धार 19
जाना है 19
पूँजी 20
सौन्दर्य 20
उर्वर प्रदेश 21
स्नान-पर्व 22
यात्रा 25
कॉलेज का अन्तिम दिन 26
होटल 27
आँधी की एक रात 28
एक रात की ठंडक 29
प्रस्ताव 30
धरती और भार 31
कल्याणी 32
दरजिन 33
सखियाँ 34
करमा का गीत 35
धनतेरस 35
मुक्ति 36
कथावाचक 38
सूचकांक 39

40 सेवक
42 हत्यारा
43 एकालाप
46 जेल में याद
47 फिर से
47 उम्मीद
48 नए इलाके में
49 एक रात जब मैं सफर में था
50 सबसे ऊँची छत पर
52 सोए में चलना
54 सुख
55 संयोग
56 उधर के चोर
57 बैठकी
57 बरात दरवाजे लगी
58 पक्ष का कारण
59 कुछ परिभाषाएँ
59 शेष
60 स्थावर
61 निवृत्त
61 बात

हिचक 62
सातवीं कक्षा के एक विद्यार्थी का शोध-प्रबन्ध 62
गृह प्रवेश 63
मातृभूमि 64
गंगा को प्यार 66
जीवधारा 67
आश्विन 68
आतप 69
अमरफल 70
मतलब 71
पुतली में संसार 72
डेली पैसेंजर 73
सम्बन्ध 74
एक रात घाट पर 75
रात का ढाबा 76
नींद 77
कर्णफूल 78
अभिसार 78
वह आएगी 79
इन्तजार 81
फरमाइश 81
शाम 83
मेख 84
अनुभव 84
बारिश 85
एक दिन 86
शायर की कब्र 87
चरथ भिक्खवे चारिकं 87
स्वप्न 90
जीवन का चौथाई 91
93 ईद '82
94 शिविर
96 शहंशाह मैकबेथ
97 राख
98 भार
99 मौत
100 स्थिति
101 गया
101 श्राद्ध का अन्न
102 जिसने खून होते देखा
103 बच्चों के डॉक्टर की मौत पर
105 दुःस्वप्न
107 मई का एक दिन
108 जैसे
109 पीछे से
109 वित्त मंत्री के साथ नाश्ते की मेज पर अरुण कमल
110 घोषणा
111 उत्सव
111 शेली के प्रति
112 श्रद्धांजलि
113 थूक
114 बुढ़ापा
115 जिन्दाबाद
116 यही बचाना
117 हमारे युग का नायक
118 निगेटिव फोटो
118 धमक
119 इच्छा
119 जितनी भी है दीप्ति

धार

कौन बचा है जिसके आगे
इन हाथों को नहीं पसारा

यह अनाज जो बदल रक्त में
टहल रहा है तन के कोने कोने
यह कमीज जो ढाल बनी है
बारिश सरदी लू में
सब उधार का, माँगा-चाहा
नमक-तेल, हींग-हल्दी तक
सब कर्जे का
यह शरीर भी उनका बन्धक

अपना क्या है इस जीवन में
सब तो लिया उधार
सारा लोहा उन लोगों का
अपनी केवल धार।

जाना है

पहले भी देखा था यह फल
सूँघा था
चखा था बहुत बार
बचपन से ही

पर आज पहली बार जब देखा है
डाल पर पकते इस फल को
तभी जाना है असली रंग-स्वाद-गन्ध
इस छोटे-से फल के
धरती-आकाश तक फैले सम्बन्ध।

पूँजी

न पहाड़ों के गीत थे मेरे पास
न घाटियों-दर्रों के,
न सागर-नदियों के गीत थे
न नाविक-मछुआरों के,
मैं तो मैदानों, खेतों का रहनवार
थोड़े से बोल थे बगीचे बधारों के।

सौन्दर्य

सड़क के दोनों तरफ
खूब लम्बे पेड़
ऊपर उठकर मिलते हुए
ललाट से सटाते ललाट
छान रहे सूर्य-किरण

जैसे ही आएगी आँधी या बारिश
दौड़ेंगे राहगीर
घंटियाँ धुनते दौड़ेंगे रिक्शे
दौड़ेगा हाथ में हाथ बाँध सारा परिवार
देखते-देखते सूनी पड़ जाएगी यह राह।

पछाड़ खा रहे हैं अन्धड़ में पेड़
        ललाट से ललाट टकराते
मथ रहे हैं बादलों से भरा आकाश

गरजता है गगन
और बिजलियों को देह में सोखने को उद्यत
गरजते हैं धरती की ओर से
ये वृक्ष

ठहरेगा कौन इस राह पर आज
देखेगा कौन इन संघर्षरत वृक्षों का
        दुर्धर्ष सौन्दर्य?

उर्वर प्रदेश

मैं जब लौटा तो देखा
पोटली में बँधे हुए बूँटों ने
फेंके हैं अंकुर।

दो दिनों के बाद आज लौटा हूँ वापस
अजीब गन्ध है घर में
किताबों, कपड़ों और निर्जन हवा की
        फेंटी हुई गन्ध

पड़ी है चारों ओर धूल की एक परत
और जकड़ा है जग में बासी जल

जीवन की कितनी यात्राएँ करता रहा यह निर्जन मकान
        मेरे साथ
तट की तरह स्थिर, पर गतियों से भरा
सहता जल का समस्त कोलाहल—

सूख गए हैं नीम के दातौन
और पोटली में बँधे हुए बूँटों ने फेंके हैं अंकुर
निर्जन घर में जीवन की जड़ों को
        पोसते रहे हैं ये अंकुर

खोलता हूँ खिड़की
और चारों ओर से दौड़ती है हवा
मानो इसी इन्तजार में खड़ी थी पल्लों से सट के
पूरे घर को जल भरी तसली-सा हिलाती
मुझसे बाहर मुझसे अनजान
जारी है जीवन की यात्रा अनवरत
बदल रहा है संसार

आज मैं लौटा हूँ अपने घर
दो दिनों के बाद आज घूमती पृथ्वी के अक्ष पर
फैला है सामने निर्जन प्रान्त का उर्वर प्रदेश
सामने है पोखर अपनी छाती पर
जलकुम्भियों का घना संसार भरे।

स्नान-पर्व

कोई नहा रहा है
वह नदी की काली मिट्टी से
पीठ की मैल को फोड़ता है
वह अपने बढ़े नाखूनों से
खोद-खोदकर
नदी के अंग से
मिट्टी उठाता है मुट्ठी में
और मल-मलकर

नहाता है
छपछपाकर पानी में
        डूब-डूबकर

चाहता है रोक ले
अपने शरीर में बाँध ले
पानी की धार
वह हाथ फेंकता है
शरीर सोंटता है
धोता है अपना रक्त
जी भरकर इस खुले जल में
        वह नहाता है

हर बार हर डुबकी पर
उठ-उठकर आता है
नया-नया जल
कैसा स्वाद है इस जल में
कितने संसारों की मिट्टियों की गन्ध
        है यहाँ

कितनी वेगवान हैं
चक्कर खाती दौड़तीं
धारों पर धारों की परतें
और सटी है जमीन से
पानी की निचली धार
शान्त चुपचाप जैसे कोई लतर

वह डूबता है, डुबकी लगाता है
डूब-डूबकर गायब हो जाता है
नदी के कज्जल जल में
साँस रोके फेफड़ों को खींचते

खींचता है जमीन से सटी वह धार
        वह जड़

और फिर सहसा
पानी की सतह को फोड़कर
ऊपर सीढ़ियों की तरह
छहलाती है
उसकी साँवली पीठ
बीच में रीढ़ की हड्डी
किसी रस्सी-सी
बाँधती है उसका शरीर
हवाओं से जल से जीवन से
वह हिलकर झुककर
दर्द से फटकर
मजबूत करती है जीवन से नाता
वह बढ़ता है
नदी के बीच में वह
        बढ़ता जाता है
और जल में
गुम हो जाता है

धो लेने दो
मल-मलकर साफ कर लेने दो
नदी की काली मिट्टी से
देह की मैल
नदी, तुम अपनी धार को
लटाई पर लपेटे धागे-सा ढील दो
पटा दो उस मजदूर का शरीर
उस खेत को पटा दो।

यात्रा

रात के अँधेरे में दौड़ती जाती है पंजाब मेल
खिड़कियों से छुट-छुटकर गिरते हैं रोशनी के पट्टे
हवाएँ लौह झँझरियों-सी बजतीं।

तलहथियों की आड़ में बगलगीर मुसाफिर ने
सुलगाई माचिस
और उघारती गई लौ चेहरे के अनगिनत रहस्य—
कलकत्ते के कारखाने में बहाल
        जलन्धर का एक मजदूर
जा रहा है वापस फिर काम पर,
छूट गया है मुल्क बहुत दूर
बस तलवों में बाकी है
थोड़ी-सी धूल पंजाब की।

दौड़ती जाती है पंजाब मेल—
पच्छिम से पूरब, पच्छिम से पूरब।

"पंजाब तो बहुत खुशहाल है, निहाल सिंह?
सुनते हैं लोग वहाँ दूध और मट्ठे से तर हैं,
        निहाल सिंह?
फिर तुम क्यों जाते हो पश्चिम बंगाल,
        बोलो, निहाल सिंह?"

"कौन नहीं चाहता जहाँ जिस जमीन उगे
मिट्टी बन जाए वहीं,
पर दोमट नहीं, तपता हुआ रेत ही है घर
तरबूज का,
जहाँ निभे जिन्दगी वही घर वही गाँव।"

फैलता जाता है धुआँ
लोहे की छातियों को धोता जाता है धुआँ,
खिड़कियों से झाँकता है पंजाबी मजदूर
दूर अन्धकार गहन गसा अन्धकार
कहीं–कहीं बसे रोशनियों के परिवार
और यहाँ पंजाबियों से भरा हुआ डब्बा
पंजाबी मर्द, पंजाबी लड़कियाँ, औरतें, बच्चे
सब के सब जा रहे हैं वापस फिर काम पर,
ये परिवार मजदूरों के
जूट कारखानों के, लौह कारखानों के

कोई नहीं जानता कब बन्द हो जाएँगी कौन–सी मिलें
किनकी होगी छँटनी, किनकी कटेंगी तनखाहें,
सब रह गए थे घर पर दो–एक दिन फाजिल।

कॉलेज का अन्तिम दिन

आओ हम विदा लें
बँट जाएँ एक दूसरे में रस्सियों से
आओ हम विदा लें
आज इस अन्तिम दिन को

हम नहीं भूलेंगे उन्हें
जिनके साथ–साथ हमने
शुरू किया जीवन

आँखों के सफेद कपास से
कतेंगे हमेशा
वे दिन वे स्वजन–परिजन

जैसा चाहा था तुमने जैसा सोचा था हमने
नहीं साफ है वैसा रास्ता अपना

वह पोई की जड़ है गाँठदार वलयित
झाड़-झंखाड़ से भरा

अभी भी स्वप्न अँधेरे से जुड़े हैं
नहीं जानते थे हम
कितने पाँवों की हलचल है तट पर
नहीं सुन सकते थे हम
जो डूबे थे पानी के अन्दर
आज पाँव खोलते हैं आँख
सोच से टूटते हैं हाथ
आज अचानक बदलता है पथ यह रक्त
रवा बना रही है साँस साथ-साथ

फिर नहीं मिलेंगे हम
बिखर जाएँगे झड़े बीजों की तरह
पहाड़ों पर दलदल में या प्राणहीन निर्जन मैदानों में
हम उगेंगे वहीं हम वृक्ष बनेंगे
हम जहाँ होंगे जैसे होंगे
वहीं से शामिल होंगे आँधी के जन्म में।

होटल

[1]

सब कुछ यही रहता।
ऐसी ही थाली
ऐसी ही कटोरी, ऐसा ही गिलास
ऐसी ही रोटी और ऐसा ही पानी,
बस थाली के एक तरफ
माँ ने रख दी होती एक सुडौल हरी मिर्च
        और थोड़ा-सा नमक।

[2]

जैसे ही कौर उठाया
हाथ रुक गया।

सामने किवाड़ से लगकर
रो रहा था वह लड़का
जिसने मेरे सामने
        रक्खी थी थाली।

आँधी की एक रात

मेरा मुँह भर गया
मेरी देह सन गई धूल से

आँधियाँ जोरों से दौड़ती आती हैं
चारों दिशाओं से छूटकर
बार-बार मेरे दरवाजे को पत्ते-सा हिलातीं

लगता है कोई पिस रहा है अँटककर
दरवाजे की फाँट में
रह-रहकर हिल रहा है मेरा घर
खिड़कियाँ दीवारें
आँधियाँ खोद रही हैं
मेरे घर की जड़

बाहर पेड़ों के पत्ते गुत्थमगुत्था हैं
एक-दूसरे में
दूर-दूर तक झर गया है भूरा आकाश
बत्तियों की रोशनी मढ़ दी है धूल ने

कहाँ होगा मेरा भाई इस वक्त
उसका शरीर गुँथ रहा होगा हवा में
वह किसी डोंगी की तरह काट रहा होगा
हवा के भँवर।

हवा हो रही है तेज और तेज
फिर शान्त, फिर तेज।

एक रात की ठंडक

कितनी ठंडक है आज
सारी सड़कें पड़ी हैं खाली
कहीं किसी छोर पर कभी-कभी
उभरते हैं एक-दो लोग
और कुछ तेज आवाजें छोड़ते जाने कहाँ
गुम हो जाते हैं
कभी कोई कार तेजी से हवा चीरती
एकदम सन्-से निकलती है
कितनी ठंडक है आज!

फुटपाथों के किनारे
दुकानों के आगे
तीखी हवा कोड़ रही है
काँपते शरीरों को
आवारा कुत्ते बिलकुल गठरियों-से
पड़े हैं कोने-दरबों में—
हवा के पैर खुल गए हैं आज।

जाग रहा है दतवनवाला बूढ़ा
बोरसी की मुरझाई आग में

अपनी छाती डुबाए
शीत लहरी से पटा रहा है
हकराते जर्जर फेफड़े
रिक्शों के मुँह एक-दूसरे में सटे हैं
कभी-कभी हिलती हैं पहियों की जड़ें।

इतना सन्नाटा है चारों ओर
इतना अन्धकार
मैं हथेलियों में मुँह बाँधे
बढ़ रहा हूँ
साँस गरमा रही है हथेलियाँ
यह ठंडी पाला हवा आती है गरम होकर
मेरे कमजोर फेफड़ों से।

प्रस्ताव

कल क्यों?
आज क्यों नहीं?

यह मत समझो
हमारे लिए आएगा कोई दिन
        इससे अच्छा
कल या परसों

आज तो कम से कम हम घूम सकते हैं
        सड़कों पर साथ-साथ
आज तो कम से कम मेरे पास एक कमरा है
        किराए का
और जेब में कुछ पैसे भी हैं
हो सकता है कल का दिन और भी खराब हो

इस सूखी रेत को पार करते–करते कौन जाने
बाढ़ में डूब जाए सोन का यह पाट

कल खाली थीं बन्दूकें
आज उनमें गोलियाँ भरी हैं
कल फिर वे खाली हो सकती हैं

कल क्यों?
आज क्यों नहीं?

धरती और भार

भौजी, डोल हाथ में टाँगे
मत जाओ नल पर पानी भरने
तुम्हारा डोलता है पेट
झूलता है अन्दर बँधा हुआ बच्चा
गली बहुत रुखड़ी है
गड़े हैं कंकड़–पत्थर
दोनों हाथों से लटके हुए डोल
अब और तुम्हें खींचेंगे धरती पर
झोर देंगे देह की नसें
उकस जाएँगी हड्डियाँ
ऊपर–नीचे दोलेगा पेट
और थक जाएगा बउआ

भैया से बोलो बैठा दें कहीं से
घर के आँगन में नल
तुम कैसे नहाओगी सड़क के किनारे
लोगों के बीच
कैसे किस पाँव पर खड़ी रह पाओगी
तुम देर–देर तक

तुम कितना झुकोगी
देह को कितना मरोड़ोगी

घर के छोटे दरवाजे में
तुम फिर गिर जाओगी
कितनी कमजोर हो गई हो तुम
जामुन की डाल–सी

भौजी, हाथ में डोल लिये
मत जाना नल पर पानी भरने
तुम गिर जाओगी
और बउआ...

कल्याणी

कल्याणी ! कल्याणी!
आया है मेरा मँझला भाई
उसी से होगी तेरी शादी कल्याणी।
देख ले लड़का, है न पसन्द?

हँसती है छोटी बहू
और हँसता हुआ भाई रगड़ता है गमछे से पीठ–
"हाँ, कल्याणी!"

टप–टप देह से चूता है पानी।
कल्याणी बैठी है चूल्हे के पास
भीगी लकड़ी से उठ रहा है गाढ़ा धुआँ
फिर भी इतनी शान्त और स्थिर
जैसे धूल भरे पत्तों के बीच खीरे का पीला फूल
ताकता एकटक आकाश।

जब भी आया कोई भाई किसी बहू का
यही होगा
सबसे होगा कल्याणी का ब्याह तय
मजाक का रिश्ता जो ठहरा–
बचपन से रह गई इस घर में कल्याणी
बच्चा खेलाती, खाना बनाती, सोहर गाती, बेना डोलाती।

कल्याणी ने लड़के को देखा किनारे से
और तन–तन सिहरी
जैसे आकर खड़ा हुआ बीच दोपहर
        कोई बटोही जवान
और वृक्ष की पत्तियाँ सिहरीं
कल्याणी! कल्याणी!

कल्याणी कुछ नहीं बोलती
कल्याणी कुछ नहीं बोलती
क्या सच क्या मजाक
कल्याणी?

दरजिन

सब कुछ सी दूँगी बीबी जी
बेबियों का गरारा जम्पर समीज
आपका ब्लाउज पेटीकोट
सब कुछ सीती हूँ बीबी जी
क्या कोई दरजी सिएगा वैसा
आप नन्ही की जीजी से पूछ लीजिए
शादी का सारा कपड़ा मैंने ही सिया है
जरा भी नुक्स हो कपड़े का दाम,

अब तो यही काम हो गया है
शौकिया शुरू किया था और अब तो
यही रोजी-रोटी है
शौहर से जुदा हुए दो बरस हो गए
बस दो छोटे बच्चे हैं खुदा की देनी से
और आप लोगों की दुआ है

तो बीबी जी बोलिए कब आवें
जिस वक्त हुक्म कीजिए
सिलाई? बाहर से आधे पर तो
सीती हूँ बीबी जी, छुपाना क्या है
यह नहीं कि उनसे कम आपसे जादे
जी? इससे कम? गुजारा नहीं होगा बीबी जी
सोचिए केतना कम है
टाँकते-टाँकते उँगली फट जाएगी
क्या बेबी जी, क्या कहती हैं?
नहीं!
नया फैशन का?
दरजी से? ठीक है बीबी जी।

सखियाँ

माथे पर जल भरा गगरा लिये
ठमक गई अचानक वह युवती

मुश्किल से गर्दन जरा-सा घुमाई
दायाँ तलवा पीछे उठाया
और सखी ने झुककर
        खींचा रेंगनी काँट

और चल दीं फिर दोनों सखियाँ
माथे पर जल लिये।

करमा का गीत

चाँदनी में हिलती है परछाईं
कन्धों से कन्धों पर बँधते हैं हाथ
बँधती है पँखुड़ी रो पँखुड़ी
जल की धार-सा फूटता है
एक साथ कंठों से राग

चौहट पारती हैं टोले की लड़कियाँ
उठते हैं स्वर
छितराती है धरती पर
राई-सी पाँवों की थाप

आज इस भादों एकादशी को
चाँदनी रात में
लगा जाती है बहन मेरी
सोच भरे ललाट पर रोली का टीका।

धनतेरस

आज धनतेरस है
नए-नए बर्तन खरीदने का दिन
और आज ही हम अपने आखिरी बर्तन लिये
घूम रहे हैं दुकान-दुकान

आने का सवाल क्या
जो कुछ पास था सब जा रहा है

देखो वे कितनी बेरहमी से थकुच रहे हैं
        हमारे पुराने बर्तन
और सजा रहे हैं एक पर एक
        अपने नए बर्तन

मुक्ति

आज जब पढ़ते–पढ़ाते मैंने तुझे
मारा, मेरे बच्चे
तब क्यों भर गईं मेरी आँखें
नम क्यों हो गए मेरे नाखून तक?

तुम रोए नहीं, तुम हिले भी नहीं
बैठे रहे चुपचाप पाँव पर पाँव धरे
और मैंने देखे तुम्हारे उघरे हुए
        लम्बे साँवले पाँव।

अब जब सोचता हूँ टंडे मन से
अब जब उतरी है बाढ़
देखता हूँ अपने ही अन्दर दुर्गन्ध और
पाँक से
भरी हुई गलियाँ
टूटे मकान, ढही भित्तियाँ
देखता हूँ अपना विनाश।

दोष मेरा ही था
मैंने कभी पूछा नहीं, कैसे हो तुम
जानता भी नहीं था क्या क्या पढ़ते हो
तुम

और आज जब अचानक देखा मैंने
तुम कुछ भी नहीं जानते
मेरा लड़का कुछ भी नहीं जानता

तब...
सोचो मैं कितना दुखी था
हृदय ने बाँटे थे धमनियों में जो रक्त
आज
वे ही रक्त घोंटते थे हृदय।

दोष लेकिन मेरा भी क्या था
मैं एक रिटायर्ड स्कूल मास्टर
जो सुबह से शाम तक घूमता है यहाँ से
वहाँ

इस–उस के बेटे–बेटियों को ट्यूशन पढ़ाता
बैठता कैसे थोड़ी भी देर खुद अपने बेटे के पास–
जब घर से निकलता, तुम सोए होते
जब लौटता, तुम सोए होते।

चार साल हो गए,
चार साल हो गए अवकाश मिले–
कितना अच्छा था देखना एक भरा हुआ
कमरा

सूर्यमुखी फूलों–सी सैकड़ों आँखें घूमतीं
मेरे साथ
मैं खिच्चा उँगलियों में खल्लियाँ पकड़ाता
और आज मैं सेवा–मुक्त हूँ, आजाद,

क्या किया मैंने इस जीवन में
सयानी लड़कियाँ, बच्चे, कच्ची गृहस्थी

अभी भी जिन्दगी ढूँढ़ती है धुरी
अभी भी जिन्दगी ढूँढ़ती है मुक्ति
कहाँ अवकाश, कहाँ समाप्ति
अभी ही तो शुरू हुई जिन्दगी
अभी ही तो चरखे में डाली है पूनी।

क्यों उठ गए थे हाथ
आज क्यों उठे मेरे हाथ।

कथावाचक

हो कोई जो भरे हुँकारी
फिर तो कथा सुनाता जाऊँ
रात-रात भर
कभी न सोऊँ

चाह नहीं कुछ
गाँव-नगर में घूम-घूमकर
कथा सुनाता जाऊँ
कहीं पेड़ के नीचे या ओटे पर
विद्यालय में
जहाँ कभी भी जुट जाएँ दस लोग
वहीं पर चित्रकूट हो–
कहना सबको सबको लाना
बच्चे बूढ़े नारि सभी को
बीच-बीच में अर्थ
भी थोड़ा कर दूँगा मैं
हाँ-हाँ बेटे...शंख बजेगा, आना

हारमोनियम लिये घूमता देस-देस मैं
कहीं अभी तक जम न सका हूँ

नहीं रही पहले जैसी उत्सुकता मन में
भक्तों के भी
बदला समय भाव भी बदले
एक जून भोजन भी भारी
        भक्तों के घर

उत्तर कांड समाप्त
अचानक होगा कहीं
किसी अज्ञात गाँव में
कभी अचानक स्वर अँटकेगा कथा सुनाते
कहीं बीच से टूटेगी जीवन चौपाई
अर्थ शेष ही रह जाएगा।

सूचकांक

पहले एक किताब की दुकान पर काम पकड़ा
हफ्ते भर रहा फिर बैठ गया
बोला, मन नहीं लगा;
जब रात भर पेट गुड़गुड़ाया तो फिर एक प्रेस में लग गया
और कोई दस दिन बाद मुझे मन्दिर की सीढ़ी पर मिला
मालिक जल्लाद था, बोला;
तब विद्यार्थियों के लिए टिफिन ढोने लगा बाँस के डंडे पर
और चौथे ही दिन अंडा चुराने के इल्जाम में वापस
सड़क पर;
फिर एक कूरियर सर्विस में घुस गया
और भूत की तरह बारह दिन साइकिल रौंदने और
सैकड़ों फ्लैटों की घंटियाँ बजाने के बाद
उसे अचानक लगा कि वह सिर्फ खुराकी पर खट रहा है
तो एक दिन मय चिट्ठियों के चम्पत हो गया;

फिर तो कई काम किए, छोड़े, किए छोड़े
मारा-मारा फिरा एक-दो बार घायल भी हुआ पता नहीं कैसे,
एक दिन अस्पताल में मिल गया बिस्तर पर पड़ा-पड़ा
खिड़की से पुकारा, बोला, नर्स बड़ी सुंदर है

पर प्यारे ने हिम्मत नहीं हारी
हाथ-पाँव मारता रहा
आखिर एक दारू भट्ठी में जुगाड़ लगा
और यहाँ वह टिक गया
शरीर भी अब गोटा गया
फूट से दो-दो कमीजें खरीदीं, एक सफेद एक धारी वाली
एक काला चश्मा
और एक कैप जिसे कॉलेजिया लड़कों की तरह उलटा पहनता
और एक लड़की भी देख ली रिश्ते में
तभी एक दिन देखा उसे मैंने
पटने के अशोक राजपथ पर
अगल-बगल सिपाही
कमर में रस्सा!

सेवक

लगता है अभी भी वह साँस मेरे भीतर घूम रही है
वही डूबती आँख मुझे पीछे से ताक रही है
और मेरे कदम तेज हो जाते हैं।
कितनी ही रातें इसी तरह मैंने जगकर बिताईं
उन बीमार, अपाहिज मरते हुए लोगों के साथ
जिनके लोग उन्हें छोड़ कहीं और चले गए,
या जो बगल के कमरे में सोते रहे सटकर
और सुबह मुझे रात भर सेवा के बदले पैसे थमाते
दरवाजे भिड़ा लिये धूप से आँखें बचाते,

और रात इतनी लम्बी इतनी घनी अनहोनी होती है
मैंने पहली बार जाना उन मरीजों के सिरहाने बैठकर
दर्द से ऐंठते बार-बार कंठ भिगोते
किसी के इन्तजार में ताकते आखिरी बूँद तक सूखते
कभी जब वे सो जाते खुले मुँह उनके दाँत चमकते रात में
और तब लगता मैं उनके कितना करीब आ गया हूँ;
जिसके माथे पर हाथ धरे तुम रात भर जगते हो
उसके लिए तुम्हीं हो सबसे करीबी,
जिसकी देह तुमने धोई-पोंछी उसके लिए तुम्हीं हो
रक्त के सबसे नजदीक, पुराने अखबारी कागज-सी देह;
सुबह जब उठकर जाने लगता तब वे इस तरह देखते
जैसे उनका जहाज छूट रहा हो-
मुझे वो बुजुर्गवार कभी नहीं भूलता जिसके बच्चे विलायत में थे
और जो बिलकुल अकेला अपने फ्लैट में
जौ के दानों से दिन गिन रहा था,
कोई वैसी बीमारी न थी, बस वह बूढ़ा और अकेला था,
तभी मैं उसकी सेवा में आया
और धीरे-धीरे उसने मुझे घेर लिया,
वह कभी रोता न था न कभी मुझे कुछ करने को कहा
बस रात भर जगा रहता छज्जे में आरामकुर्सी पर बैठा,
चाँद उसको प्रिय था और तारे
और लाल कनेल की गन्ध से भारी हवा
और कई प्याली चाय
वह मेरी गोद में मरा था शान्त जैसे कोई फूल झड़ता है-
कोई भी काम मुझे मिल जाता तो यह सब छोड़ देता
पता नहीं कितनी हजार रातों से जग रहा हूँ
जरा और मरण के इतने पास,
एक बार तो एक आदमी ने मुझे ऐसे जकड़ लिया था जैसे

वह डूब रहा हो और मुझे भी खींच लेगा भँवर में
लगा जैसे मेरा छिलका उतर रहा हो और मैं भागा;
कई रोज मैं बच्चों के स्कूल के बाहर स्कूल टूटने के इन्तजार में
खड़ा रहता कि वे अपनी कच्ची साँसों से मुझे धो दें–
उफ् मैं पेड़ होता बार–बार पत्तियाँ बदलता
कोई पक्षी अपने पुराने पंख झाड़ता
कोई पहाड़ी नदी सूखती–भरती
कई बार मन में बाँधा और कोई काम खोजूँगा
स्कूल की दरबानी या बच्चों का रिक्शा हाँकूँगा
पर धीरे–धीरे ऐसा समय आता है
जब सारे रास्ते पानी में डूब जाते हैं
जब तुम्हारा सोचा कुछ नहीं होता
बस अन्धड़ होता है और सेमल की रूई का फाहा
बस एक ही कोठरी बचती है पूरे शहर में खाली
श्मशान के पास।

हत्यारा

एक खून किया और जिन्दगी के सबसे कीमती वक्त
बारह साल जेल में गुजारे
गालियाँ सुनीं
हेड़ी–बेड़ी खाई
खम्भे से बँधकर धूप में घंटों चमड़ी सुखाई
जिसे बाप ने छोड़ा, बीबी ने दूसरी शादी की
और कभी कोई हाल भी पूछने न आया–
वह आज क्यों बेचैन है बाहर जाने के लिए,
जिन्दगी में आखिर अब बाकी क्या है?

क्यों आज वह वोल्टमीटर के नीडल की तरह
धारा के छूने भर से डोल जाता है यहाँ से वहाँ
पूरे पैमाने पर उद्विग्न
        कहीं भी स्थिर न होता
        कहीं भी स्थिर न होता
        वापस लौटता वहीं
        पुनः उसी शून्य पर
धारा के अगले चाप के इन्तजार में नीडल की तरह

आखिर बाकी ही क्या है जीवन में
जानते हुए भी कि वहाँ डुबाऊ पानी है
पाँव बढ़ रहे हैं
        अन्तिम सीढ़ियों के पार
                बीच धार में

पहली बार वह कहाँ जाएगा बाहर निकलकर
घर? उसके घर तो नहीं जिसकी उसने हत्या की थी?
एक साथ सारा वायुमंडल ठेलता
घुस जाएगा फेफड़ों में
सँभालना मुश्किल है जीवन का चाप

मैं देख रहा हूँ
वह हत्यारा बारह साल जेल में काटने के बाद
अभी इस वक्त जेल के आखिरी गेट पर खड़ा है
                        पास के इन्तजार में।

एकालाप

नहीं, तय तो पहले से कुछ भी नहीं था
ऐसे ही झगड़ा हुआ था और उसने बीच बाजार में
जब मैं अपनी माँ के साथ तरकारी खरीद रहा था

उसने पीछे से आकर मेरा कॉलर पकड़ लिया
और दो हाथ मारकर भाग गया

मैं उसको खोज रहा था
तीन दिन तक मैं उसको चारों तरफ खोजता रहा
आँख पर वही नाच रहा था
जिधर जाता लगता वही किनारे से गुजरा
लेकिन चौथे दिन मुझको एक प्रेस में काम मिल गया
और मैं शाम को काम से वापस लौट रहा था
कि अचानक चौक से पच्छिम दाहिने
गली में मुड़ता हुआ उसका कन्धा
झलका
और मैं दौड़ा
और एक ही साँस में
रोड से गली में कूदा
और वह दोनों हाथ से माथा पकड़कर जमीन पर बैठ गया

मैं भागा
भागता गया
लाइन पार किया
मैदान पार किया
फिर सीधा सड़क धरे
हाथ में अभी भी छुरा था
छुरा नाले में फेंका
भागता गया और मौसी के घर पहुँचा
हाथ खून से तर था
हाथ धोया
कपड़ा फेंका
दूसरा कपड़ा पहना नहाया और वहाँ से बस से
चलकर मोकामा में रेल पकड़कर आसाम भाग गया

वहाँ कुछ दिन गिट्टी लादने का काम किया
फिर बोरा में बालू भरने का काम किया तीन रुपया रोज पर
वहीं बालू पर तम्बू में सोता
लेकिन मन बेचैन था
एक दिन क्या मन में आया
घर चला आया होली का दिन था,
दुश्मन तो लगे हुए थे,
और पकड़ा गया।
बारह साल बीत गए
एक जेल से दूसरे जेल में घूमते
अब तो बहुत से लोग पहचानेंगे भी नहीं
पटना तो बहुत बदल गया होगा
वहाँ कदमकुआँ में पान की दुकान थी दोस्त की

सब कुछ खतम हो गया
हम भी कुछ हो सकते थे
बहुत कुछ हो सकते थे
जिसको जाना था वह तो गया ही
हम भी कौन लोक में रहे
सब कुछ खतम हो गया
माँ मर गई भूख और गम से
छोटा भाई मेरी ही तरह आवारा हो गया
एक ही धोवन में झड़ गई सारी माँड़ी

दो साल और काटना है यहाँ
उसके बाद?
अब कहाँ काम मिलेगा फिर? कौन रक्खेगा हमको?
आदमी धान का बिजड़ा तो नहीं
कि एक खेत से उखाड़कर दूसरे में रोप दे कोई!

झड़ना था तो खेत में झड़ता
दाई माई चुन लेतीं
झड़ना था तो राह में झड़ता
चिड़िया-चुरगुन चुन लेतीं
अब तो खंखड़ हूँ मैं केवल
दाना था सो घुन खा बैठे।

जेल में याद

बहुत याद आ रही है
बहुत सारे लोग बहुत सारी चीजें कई बातें
कड़ी धूप की तरह आँख पर गड़ रही हैं आज
पता नहीं क्यों
पता नहीं क्यों मुझे ऐसे लोग याद आ रहे हैं
जिनसे कभी कोई खास वास्ता भी नहीं रहा
और कुछ ऐसी बातें
जिनके बारे में मैंने कभी सोचा तक नहीं
गहरे कुएँ का जल अचानक
हिल रहा है
घने अन्धकार में चमक रहा है जल
आज पता नहीं क्यों

मुझे बार-बार अपने बच्चे की याद आ रही है
बार-बार घूम जा रहा है उसी का चेहरा
जैसे कि मैं कोई
आईना होऊँ
और वह बिलकुल नाक सटाए ताक रहा हो मुझमें
दूर बहुत गहरे पेंदी तक उतरा हो मुझमें
आँख पर रखता आँख
और मैं उसे छू नहीं पाऊँगा

तप्त खपड़ी में फूटते चने-सा तड़पता रह जाऊँगा
आज मैं सो नहीं पाऊँगा।

फिर से

धीरे-धीरे उतरी है बाढ़
फिर उभरी आ रही हैं मेंड़ें
        खुले आ रहे खेत घर-द्वार
फिर से मसूड़ों में उग रही है दाँत की पाँत।

दह गए थे धान के खेत
घरों में भरा था बाढ़ का पानी
यहाँ से वहाँ तक बची थी बस पाँक

पता नहीं कौन-सी कोख में
        बचा हुआ जीवन
फिर से फेंकता है कंछा
फिर से अपनी जमीन पर लौट रहे हैं लोग-बाग
लौट रहे हैं पशु-पक्षी
लौट रहा है सूर्य
लौटा आ रहा है सारा संसार
        इस प्रलय के बाद।

उम्मीद

आज तक मैं यह समझ नहीं पाया
कि हर साल बाढ़ में पड़ने के बाद भी
लोग दियारा छोड़कर कोई दूसरी जगह क्यों नहीं जाते?

समुद्र में आता है तूफान
तटवर्ती सारी बस्तियों को पोंछता
        वापस लौट जाता है

और दूसरे ही दिन तट पर फिर
बस जाते हैं गाँव–
क्यों नहीं चले जाते ये लोग कहीं और?

हर साल पड़ता है मुआर
हरियरी की खोज में चलते हुए गौवों के खुर
धरती की फाँट में फँस–फँस जाते हैं
फिर भी कौन इन्तजार में आदमी
बैठा रहता है द्वार पर?

कल भी आएगी बाढ़
कल भी आएगा तूफान
कल भी पड़ेगा अकाल

आज तक मैं समझ नहीं पाया
कि जब वृक्ष पर एक भी पत्ता नहीं होता
झड़ चुके होते हैं सारे पत्ते
तो सूर्य डूबते–डूबते
बहुत दूर से चीत्कार करता
पंख पटकता
लौटता है पक्षियों का एक दल
उसी ठूँठ वृक्ष के घोंसलों में
क्यों? आज तक मैं समझ नहीं पाया।

नए इलाके में

इन नए बसते इलाकों में
जहाँ रोज बन रहे हैं नए–नए मकान
मैं अक्सर रास्ता भूल जाता हूँ

धोखा दे जाते हैं पुराने निशान

खोजता हूँ ताकता पीपल का पेड़
खोजता हूँ ढहा हुआ घर
और जमीन का खाली टुकड़ा जहाँ से बाएँ
मुड़ना था मुझे
फिर दो मकान बाद बिना रंग वाले लोहे के फाटक का
घर था इकमंजिला

और मैं हर बार एक घर पीछे
चल देता हूँ
या दो घर आगे ठकमकाता

यहाँ रोज कुछ बन रहा है
रोज कुछ घट रहा है
यहाँ स्मृति का भरोसा नहीं
एक ही दिन में पुरानी पड़ जाती है दुनिया
जैसे बसन्त का गया पतझड़ को लौटा हूँ
जैसे बैशाख का गया भादों को लौटा हूँ

अब यही है उपाय कि हर दरवाजा खटखटाओ
और पूछो–
क्या यही है वो घर?

समय बहुत कम है तुम्हारे पास
आ चला पानी ढहा आ रहा अकास
शायद पुकार ले कोई पहचाना ऊपर से देखकर।

एक रात जब मैं सफर में था

'देखा?
अभी जो खट् से बजा
सियार होगा, कोई छोटा जानवर,

कट गया–'
टी.टी. ने गुलूबन्द के भीतर से कहा
मैं अकेला खड़ा था उसके पास घनी रात में
दरवाजे के पास सामान लिये–
सोया था सारा शयनयान

'फिर बजा!
थोड़ा हलका इस बार
सियार का बच्चा होगा या कुत्ता,
देखो, फिर बजा खटाक्–
बेचारा बैल खूँटा तुड़ाकर भागा होगा–
सबसे ज्यादा जाड़े और बरसात में कटते हैं जानवर
आदमी भी सबसे ज्यादा मरता है भादों और पूस में
मैं जानता हूँ सब इतना पुराना टी.टी. हूँ जंगली लाइन का–
अच्च! चला गया!–'

'क्या हुआ?'
'कट गया! आवाज जैसी ही थी
इतनी रात में निकला था लकड़ी चुनने!'

'और कितनी दूर है मेरा स्टेशन?'
मैंने थककर पूछा और बक्स पर बैठ गया!

सबसे ऊँची छत पर

अनेक मंजिलों के बाद ऊपर सबसे
जो सूनी छत है धूल-विष्ठा और झड़े पंखों भरी

चढ़ते-चढ़ते पहुँचोगे वहाँ साँस के अन्तिम मोड़ पर
तब मिलेगी धूप से भरी वो छत

और पहली बार तुम्हें लगेगा
जब कहीं भी नहीं है हवा तब भी यहाँ कुछ हवा है–
सिहरेंगे छाती के अधपके केश

अनेक मंजिलों के बाद ऊपर सबसे

सन्नाटा है
सारी आवाजें पृथ्वी की डूब गई हैं
बस एक हलचल है पाँवों की तट पर–
ऊपर ताको
आकाश इतने पंखों पर तना
हवा इतनी मथी हुई
बिलकुल शीश पर सूर्य
और नीचे कुंड का पानी

यहाँ से दिखते हैं घरों के आँगन–मुँड़ेर
बरामदे भीतर रसोई तक
पर पहचानना मुश्किल है अपना ही घर
अपना ही मुहल्ला लगेगा अनजान
खुदाई में निकली किसी लुप्त सभ्यता का ध्वंसावशेष

दोनों हाथ मुँड़ेर पर रखे झाँकता हूँ नीचे
तलमलाता घूमता है माथा
खींचता है झग्गर के अंकुशों से कोई
मुझे खींचता है नीचे
हवा अचानक कम फट रहीं नसें–
दरकता धूप में मिट्टी का सूखता शरीर–
मेरा सम्पूर्ण रक्त भी मरते पक्षी को नहीं दे पाएगा जीवन
सैकड़ों खटमलों में बदल जाऊँगा बूँद–बूँद

शायद ऐसे ही होना हो अन्त

पीछे सीढ़ी की तरफ मुड़ते मुझे डर लगा
कोई छुपा होगा दरवाजे के पीछे
मैं लौटूँगा और वह घूमेगा–
कौन सुनेगा मेरी पुकार उतनी दूर
यह पृथ्वी की सबसे ऊँची छत मेरा दखमा

सबसे अन्तिम तल पर किसी का निवास नहीं
वही अवसान है घर का झड़े पंखों भरा

सूखे कुंड में मूर्ति विसर्जन
से रही हवा पृथ्वी पर जीवन।

सोए में चलना

कल जिससे जेल में मैं मिला
वह मेरे रोने पर भी रहा शान्त आवेगहीन
जरा भी कँपा नहीं मानो गहरे तालाब के बीच में खम्भा–
कुछ ऐसा था उसमें जो केवल उनमें होता है
जो पापी नहीं बस भागी हैं पाप के

क्या सच क्या झूठ
क्या सही क्या गलत
कहाँ जल कहाँ थल
        समझ नहीं पाता
लगातार रोशनी है जहाँ
वहाँ न सन्ध्या जान पाता हूँ न प्रात
फिर भी वह वेला मैं ढूँढ़ रहा हूँ
जहाँ प्रकाश की पँखुड़ियाँ खुल रही हैं
अन्धकार के नाल पर

वह वेला जब उठते हैं सप्तपर्णी में गन्ध के भँवर
वह गर्भवती युवती जो एक भी है दो भी
जिसके उर में छत्ता है शहद का
जिसका आनन शरद का आकाश
और मैं इतने काटकूट से भरा इतना गिजबिज
इतने खरीदारों ने अपनी निब जाँची मुझ पर
इतने तरह से बुकड़ा इतनी धारियाँ इतने दस्तखत
कि जरा भी साफ जगह अब नहीं

बिलकुल निहत्था पर हाथ बिना ऊपर उठाए
मैं हत्यारों से मिलने जाना चाहता हूँ
लाल मखमल की खाली म्यान लिये
आबनूस की नक्काशीदार बेंट लिये—
जिस तलवार ने सैकड़ों कत्ल किए
उस पर भी कितनी सुन्दर नक्काशी थी—
केवल शब्दों का फाहा लिये
जाना चाहता हूँ उसकी तरफ से
जो सबसे कमजोर है
जो अपने कौर के लिए भी हाथ उठा नहीं सकता
जो न शासक बनना चाहता है न शासित
पर जो लक्ष्य है केवल लक्ष्य वीर धनुर्धरों का
दीवार पर लाल धब्बा या मछली की आँख की पुतली
या बस पत्तागोभी पत्तों को पत्तों में छुपाए
आलोकित स्वयं जैसे संजीवनी बूटी

बिना कुछ बोले
मैं लौट आता हूँ उसके घर
जहाँ फाँसी के हुक्म का इन्तजार कर रही है
एक बहुत बूढ़ी माँ!

सुख

वास्तुशान्ति नहीं है देवि

यहाँ जो भी रहेगा दुःख भोगेगा
सुख होगा तो शान्ति नहीं
शान्ति तो सुख नहीं
कोई कार्य निर्विघ्न नहीं

इसमें भाग्य का दोष नहीं
न कोई दैवी विधान है
आधारभूमि का कोप है देवि
सब कुछ है फिर भी कुछ नहीं

जहाँ तुम्हारा शयनकक्ष है वहीं
ठीक उसके नीचे याद करो
कोई वृक्ष था जामुन का
नींव पड़ने के पहले
छोटी गुठली वाले काले जामुनों का वृक्ष
वही वृक्ष तुम्हें हिला रहा है
एक पक्षी अभी भी ढूँढ़ता है वही अपना नीड़
वे चींटियाँ खोजती हैं अपना वाल्मीक
इस ब्रह्मांड में सबका अधिकार है देवि
और उधर जो दीवार है बाईं ओर
उसके नीचे कुआँ था पति से पूछना
खूब बड़ा पुराना कुआँ जिसका जल
हलका और मीठा था
एक उद्‌गार था पृथ्वी का तुमने उसे भी
घोंट दिया

और जहाँ मुख्य द्वार है वहाँ से
तिर्यक् वाम दिशा में खोदो तो मिलेगा

कंकाल
एक यात्री कभी टिका था यहाँ एक रात
उसके पास कुछ द्रव्य था
यह द्रव्य ही काल हुआ
और वहीं गाड़ी गई लाश

इस वृद्ध तांत्रिक से अब और कुछ
न पूछो देवि
कोई मंत्र कोई उपचार नहीं जानता
मुझे कुछ भी सिद्ध नहीं–
लगता है बरसेंगे देव
रात यहीं रुक जाऊँ देवि?

संयोग

जब सूरत में महामारी फैली
तब जो हजारों लोग वहाँ से लदफद भागे
उनमें हरिनन्दन भी था
जो रास्तेभर भगवान की कृपा पर चकित रहा
कि कैसे छूटते–छूटते उसे यह गाड़ी मिल गई
और वह गाड़ी एक हजार सात सौ छप्पन किलोमीटर
चलने के बाद एक मालगाड़ी से टकराई
और एक बार फिर हरिनन्दन भगवान की असीम कृपा के सम्मुख
नतमस्तक था कि वह बाल–बाल बच गया
और बचकर अपने गाँव के स्टेशन लहलह दुपहरिया में उतरा
और रास्ते के धूप और धूल भरे चौर में
लुटेरों से घिर गया
और अब तीसरी बार वह भगवान की लाख–लाख कृपा पर चकित था
कि लुटेरों ने उसकी सन्दूक तो छीन ली जिसमें कुल सात सौ तेईस

रुपए थे और एक जोड़ी कपड़ा पर लाख रुपए की जान बख्श दी
और यही सोचते-सोचते वह कच्चे घर के आँगन में
झोलंग खाट पर पड़ा तारे ताकता सो गया
और उसी रात एक गोतिया ने पुश्तैनी दुश्मनी में मौका पा
उसका काम तमाम कर दिया।

कुछ दिनों बाद घोषणा हुई कि सूरत में जो महामारी थी
वह वास्तव में महामारी नहीं थी।

उधर के चोर

उधर के चोर भी अजीब हैं
लूट और डकैती के अजीबोगरीब किस्से–
कहते हैं ट्रेन डकैती सात बजते बजते सम्पन्न हो जाती है
क्योंकि डकैतों को जल्दी सोने की आदत है
और चूँकि सारे मुसाफिर बिना टिकट
गरीब-गुरबा मजदूर जैसे लोग ही होते हैं
इसलिए डकैत क़िसी से झोला किसी से अँगोछा चुनौटी
खैनी की डिबिया छीनते-झपटते
चलती गाड़ी से कूद रहड़ के खेत में गुम हो जाते हैं;
और लूट की जो घटना अभी-अभी प्रकाश में आई है
उसमें बलधामी लुटेरों के एक दल ने दिनदहाड़े
एक कट्ठे खेत में लगा चने का साग खोंट डाला
और लौटती में चूड़ीहार की चूड़ियाँ लूट लीं;
लेकिन इससे भी हैरतअंगेज है चोरी की एक घटना
जो सम्पूर्ण क्षेत्र में आज भी चर्चा का विषय है–
कहते हैं एक चोर सेंध मार घर में घुसा
इधर-उधर टो-टा किया और जब कुछ न मिला
तब चुहानी में रक्खा बासी भात और साग खा

थाल वहीं छोड़ भाग गया–
वो तो पकड़ा ही जाता यदि दबा न ली होती डकार।

बैठकी

जब तक काम चल सकता था चला
जब अँधेरे ने ढाँप दी दरी माथा माथे से लड़ा
सो पेट्रोमैक्स आया जो बीच में रखाया
हठात् प्रकाश में जिसके लगा सब डिगा-डिगा
और रखते ही लुझ आए कीड़े
मानो कोई भैंस ताल को हींड़े
फिर पता नहीं कैसे बचता-बचाता
अभ्यस्त अध्यक्ष-सा मेंढक आया हँसता-हँसाता
जम गई सभा सफल भई सभा
बोले वक्ता कुछ जँभा कुछ रँभा
भाषण चलता गया
गैस जलता गया
कीड़े आते गए
मेंढक खाता गया।

बरात दरवाजे लगी

और बरात दरवाजे लगी
रात बारह बजे,
किसी तरह वर के पिता को मनाया गया
कुछ और भेंटा गया, और कुछ गछा गया।
माथे पर झाड़-फानूस ढोते मजदूर निंदाए-से चले,
सहबाला सो ही गया था,
बराती उद्ग्रीव थे सजे-धजे सेंट से सिक्त,
एक नचनियाँ था जो पसीने से पचपच नाचे जा रहा था

छाती पर नत्थी थे नोट दस-बीस
और कुछ युवक थे नशे में मस्त
देह ऐंठ रहे थे रुक-रुक यार की शादी में।
द्वार पर लड़कियों-औरतों की भीड़ थी भरी रात
पँखुड़ियाँ खोले,
पर गीत किसी को एक भी आता न था
नई चाल के गाने गा रही थीं एक-दो
भोंभा गरगरा रहा था।
वर के फूफा ने ऊपर हवा में फायर किया तड़-तड़
पाकुड़ से चिड़ी उड़े फड़-फड़,
द्वारचार आरम्भ भया,
पंडित ने खैनी थूकी,
वर कुछ रूठा, फिर बहनोई
बाकी बराती पत्तल पर टूटे।
अन्दर कन्या थी अकेली श्लथ
बाहर समाज था जन था शतपथ।

पक्ष का कारण

पूरी बहस में मैं जूता उतारने के खिलाफ था
मेरा कहना था कि
जूता उतारकर अन्दर आने को कहना
न सिर्फ असभ्यता की निशानी है बल्कि सामन्ती मनोवृत्ति का
अवशेष भी
और इसीलिए बैठके में जूता पहने दनदनाते घुस जाना विद्रोही
कार्रवाई
और ऐसा अक्सर देखा गया है कि जो जितना भ्रष्ट और
व्यभिचारी है
वह उतना ही जूते उतारकर भीतर बुलाने का हामी

और तो और उसका वश चले तो जाँघिया भी उतरवा ले
क्योंकि बाहर की गन्दगी केवल जूतों के जरिए ही तो अन्दर
नहीं आती

इस तरह एक लम्बी बहस चली
पर सच बात तो यह थी कि मैं जूता उतारने के
इसलिए खिलाफ था कि मेरा पैताबा
तार-तार था।

कुछ परिभाषाएँ

जो जितना ज्यादा लोगों का जितना ज्यादा नुकसान कर सके
वो उतना ही बड़ा है।
छोटा वो है जो किसी का नुकसान न कर सके।
उस हर बात में राजनीति है
जहाँ दो में से एक को चुनना पड़े।
कम से कम कपड़े अश्लीलता नहीं
अश्लील है जरूरत से ज्यादा कपड़े।
जब लगे कि सरकार कुछ नहीं कर रही
तब समझो खतरा दरवाजे पर है।
सितारा बनने से अच्छा है
गन्दी गली का लैम्प पोस्ट बनना—कवि की इच्छा है।

शेष

और मैं बच गया

आग में पड़कर भी जला नहीं
क्योंकि अभी गीला था
अभी भी कुछ-कुछ हरा था

बहुत गाढ़ा धुआँ उठा
रन्ध्रों से जल छूटा
और मैं बच गया

बचा हूँ अब भी
जलकर राख हुए घर का चौखट
रौंदा हुआ धान का खेत
नल लग जाने के बाद त्यागा हुआ घर का कुआँ
    बचा है जल अब भी
भग्न सुनसान
ढहा गिरा या थोड़ा उठाकर छोड़ा हुआ
अधूरा मकान।

स्थावर

इस बार भी लगता है यहीं रह जाऊँगा

हर बार सोचकर निकलता हूँ
कहीं दूर चला जाऊँगा
पर बारिश की शाम के धुएँ-सा घुमड़ता
गिरता हूँ फिर उसी छप्पर पर जहाँ से उठा

बैठा रह जाता हूँ

जब धूप सरककर मेरी देह से दूर
उतर जाती है और लगता है सहसा
ठंडे हो रहे मेरे तलवे
तब मैं जानता हूँ पृथ्वी घूम गई होगी
अपने अक्ष पर कुछ अंश इधर या उधर

बहुत दिन से एक जगह पड़ी हुई ईंट हूँ मैं
जिसे उठाओ तो निकलेंगी बिलखती चींटियाँ
और कुछ दूब चारों ओर
हरी–पीली।

निवृत्त

जैसे टूट जाए हाथ की हड्डी
और गिलास भी उठ न सके
क्या मैं भी पूरा का पूरा
बेकाम हो जाऊँगा बीच राह
गिरा जूते का तल्ला

फूटने के बाद भी मिट्टी की सुराही
जाड़े में बोरसी बन जाती है
वैसे ही मैं भी तो काम आ सकता हूँ
अन्न उगा न सकूँ तो क्या
सूखते धान के पास बैठ कौआ तो हाँकूँगा

पेड़ कटने पर बचा हुआ थम्भ
किसी थके बैल या गाभिन गाय का
खूँटा बन जाएगा।

बात

एक समय था जब सफर में सबके सामने
कौर भी
उठ नहीं पाता था
और खाने की पोटली बिना खोले
मैं घर लौट आता

छुट्टियों के बाद जब मेरा चेहरा थोड़ा भर जाता
तब मैं दोस्तों से हाथ मिलाते शरमाता
और बाजार में आईने के आगे सिर झुकाए
तेज निकल जाता

अब मुझे क्या हो गया है
बच्चों के सामने कुल्फी चाटता चलता हूँ बीच बाजार
कमीज की बाँह बार-बार झाड़ता केश रँगता ब्लू फिल्में देखता
जेब में कंघी हाथ में रूमाल

बीसियों मरे उस मोटर दुर्घटना में
जो बचे वे भी जैसे-तैसे
एक मैं ही बचा साबुत
और मैंने यारों को दारू पिलाई इस मौज में–
इसमें आखिर ऐसी क्या बात है?

हिचक

जिसने सच सच कह दी अपनी कहानी
उसे कैसे कहूँ इसे सजाकर लिखो।
जिसके पास कुछ नहीं सिवा इक देह के
उसे कैसे कहूँ आज बाजार का दिन है।
जो खो चुका घर-परिवार इस बाढ़ में
उसे कैसे कहूँ जल उबालकर पियो।

सातवीं कक्षा के एक विद्यार्थी का शोध-प्रबन्ध

अब सब कुछ नए नियम से कहना चाहिए
यानी एक किरण को एक किरण नहीं सात रंग

और कदम्ब के रोएँदार फूल को सैकड़ों फूलों का गुच्छा
और एक आँख तिलचट्टे की हजारों आँखों का पुंज
अलग-अलग आँख अलग-अलग देखती फिर भी एक साथ एक
और एक देह करोड़ों कोशाओं का छत्ता
और एक पृथ्वी नील पद्म शंख महाशंख जीवों का
लाल पीला हरा शामियाना

कहना चाहिए कि गाँठ बाँधने का मतलब है रस्सी को छोटा करना
और गाँठ खोलने का मतलब रस्सी को नीचे जल के तल तक लाना
ऊपर उस तल तक जहाँ आग में फँसा है
        अन्धा आदमी

अब गिनती एक से नहीं
असंख्य से चलकर एक की ओर आएगी उलटे पाँव
पृथ्वी भी अब कल से घूमेगी उलटा
यानी अभी एक रात के बाद फिर एक रात और
फिर दिन फिर रात फिर...।

गृह प्रवेश

पीछे-पीछे नेताओं के
पाद सूँघता भागा
मढ़ ऋषियों के जटाजूट
गंडे में धारा सदियों
सन्तों के प्रवचन शुभकारी
बाजीगर की हाथ सफाई
बिना देह छाईं की लीला
टक्कर अणु की परमाणु की
अन्तरिक्ष का खोखल काला
सब कुछ देखा पारा-पारी

आँख गड़ाए चुक्कु मुक्कु
हर मेले में टाट बिछाया
हर नम्बर पर दाँव लगाया
हारा तन धन हारा कानी कौड़ी

लौट रहा अब भारी डग से
डरता-डरता अपने द्वार
सुई नोक भर धरती अपनी
सुई नोक भर कविता भूमि
तीर बिंधा पक्षी हूँ मैं तो
मेरा नीड़ वहाँ उस तरु पर
जिसका सोर पताल।

मातृभूमि

आज इस शाम जब मैं भींजता खड़ा हूँ आसमान और धरती के बीच
तब अचानक मुझे लगता है यही तो तुम हो मेरी माँ मेरी मातृभूमि
धान के पौधों ने तुम्हें इतना ढँक दिया है कि मुझे रास्ता तक नहीं सूझता
और मैं मेले में खोए बच्चे-सा दौड़ता हूँ, तुम्हारी ओर
जैसे वह समुद्र जो दौड़ता आ रहा है छाती के सारे बटन खोले हहाता
और उठती है शंखध्वनि कन्दराओं के अन्धकार को हिलोड़ती
वे बकरियाँ जो पहली बूँद गिरते ही भागीं और छिप गईं पेड़ की ओट में
सिन्धु घाटी का वह साँड़ चौड़े पट्टे वाला जो भींगे जा रहा है
पूरी सड़क छेंके

वे मजदूर जो सोख रहे हैं बारिश मिट्टी के ढेले की तरह
घर के आँगन में वो नवोढ़ा भींगती नाचती
और काले पंखों के नीचे कौवों के सफेद रोएँ तक भींगते
और इलायची के छोटे-छोटे दाने इतने प्यार से गुत्थमगुत्था
ये सब तुम्हीं तो हो

कई दिनों से भूखा-प्यासा तुम्हें ही तो ढूँढ़ रहा था चारों तरफ
आज जब भीख में मुट्ठी भर अनाज भी दुर्लभ है
तब चारों तरफ क्यों इतनी भाप फैल रही है गरम रोटी की
लगता है मेरी माँ आ रही है नक्काशीदार रूमाल से ढँकी
तश्तरी में

खुबानियाँ अखरोट मखाने और काजू भरे
लगता है मेरी माँ आ रही है हाथ में गरम दूध का गिलास लिये
ये सारे बच्चे तुम्हारी रसोई की चौखट पर कब से खड़े हैं माँ
धरती का रंग हरा होता है फिर सुनहला फिर धूसर
छप्परों से इतना धुआँ उठता है और गिर जाता है
पर वहीं के वहीं हैं घर से निकाले ये बच्चे तुम्हारी देहरी पर
सिर टेक सो रहे माँ

ये बच्चे कालाहांडी के
ये आन्ध्र के किसानों के बच्चे ये पलामू के पट्टन नरौदा पटिया
के

ये यतीम ये अनाथ ये बँधुआ
इनके माथे पर हाथ फेर दो माँ
इनके भीगे केश सँवार दो अपने श्यामल हाथों से–
तुम किसकी माँ हो मेरी मातृभूमि?
मेरे थके माथे पर हाथ फेरती तुम्हीं तो हो मुझे प्यार से तकती
और मैं भींज रहा हूँ
नाच रही धरती नाचता आसमान मेरी कील पर नाचता-नाचता
मैं खड़ा भींजता बीचोबीच।

गंगा को प्यार

देर तक बैठा रहा
गंगा किनारे

ग्रीष्म का नीला आकाश
कुछ ज्यादा ऊपर उठा हुआ
और हवा बस इतनी कि
भरा लगे सब कुछ

दूर एक फूला हुआ पाल
जैसे शेष हवा ने लिया हो आसरा वहीं।

कभी-कभी कोई पक्षी
जल की सतह को लगभग
छाती से छूता निःशब्द
मुड़ता है वापस,
कोई गाय, सँभलकर
पाँव टिकाती
उतरी जल पीने
और नथनों के नीचे
हिल गई गंगा!

असम्भव
असम्भव है सोचना—
जिनकी मिट्टी गंगा-पानी से गुँधी है
उनके लिए असम्भव है सोचना कि एक दिन
गंगा के ऊपर उड़ता हुआ पक्षी
विष की धाह से झुलस जाएगा
कि एक दिन गंगा
नहीं रहेगी और फिर गंगा—
वे रख आए हैं गंगा के द्वार पर विषपात्र।

षड्यंत्र
गंगा के साथ भी षड्यंत्र
हिमालय के साथ
पृथ्वी नक्षत्र समस्त मंडल के साथ

ओ विराट गंगा
ओ माँ के दूध में बसी हुई गंगा
तुम्हारे ही किनारे शुरू हुआ जीवन
पहला स्नान यहीं हुआ
अन्तिम स्नान भी यहीं
तुम्हीं रहीं प्रवाहित आदि मानव से
आज तक
अनन्त धमनियों में
विशाल आँख-सी तुम्हीं रही देखती
हमारे सारे सुख-दुख,
ओ विराट गंगा
जीवन का अनन्त सूत अजस्र
गुँथता रहे तुममें हर वृक्ष का
हर पुष्प निर्बाध!

आज मैंने जाना
जो आदमी को प्यार नहीं करते
उनकी कोई गंगा नहीं
कोई मातृभूमि नहीं
कोई अपना तारा नहीं।

जीवधारा

खूब बरसा है पानी
जीवन-रस में डूब गई है धरती

अभी भी बादल छोप रहे हैं
अमावस्या का हाथ बँटाते

बज रही है धरती
हजारों तारों वाले वाद्य-सी बज रही है धरती
चारों ओर पता नहीं कितने जीव-जन्तु
बोल रहे हैं हजारों आवाजों में
कभी मद्धिम कभी मन्द्र कभी शान्त

कभी-कभी बथान में गौएँ करवट बदलती हैं
बैल जोर से छोड़ते हैं साँस
अचानक दीवार पर मलकी टॉर्च की रोशनी
कोई निकला है शायद खेत घूमने

धरती बहुत सन्तुष्ट बहुत निश्चिन्त है आज
दूध भरे थन की तरह भारी और गरम।

आश्विन

ऐसा क्या है इस हवा में
जो मेरी मिट्टी को भुरभुरा बना रहा है
धूप इतनी नम कि हवा उसे
सोखती जाती है पोर-पोर से
सिंघाड़ों में उतरता है धरती का दूध
और मखानों के फूटते लावे हैं हवा में
धान का एक-एक दाना भरता है
और हरसिंगार खोलता है रात के भेद;
चारों तरफ एक धूम है
एक प्यारा शोरगुल रोओं भरा।
इसी दिन का तो इन्तजार था मुझको

इसी नवरात्र के प्रहर का
आकाश इतना नीला गूँज भरा
शरीर इतना साफ निथरा,
ये हवा जो रोओं को उठा रही है
ये हवा जो मुझे खोल रही है
जैसे मैं फूल हूँ अगस्त्य का
इतनी इच्छाएँ ऐसी लालसा
मैं भर जाता हूँ जौ के अंकुरों से।

आतप

आ रहा है ग्रीष्म
देह का एक-एक रोम अब
खुल रहा है साफ और अलग
नभ इतना खुला फैलता हुआ
सूरज डूबने के बाद भी

नदी का स्वच्छ आँख के कोए जैसा पानी
और भीड़ भरे नीड़
मूक उठता हुआ चाँद
और पीपल कत्थई पत्तों से छलछल
और बटलोही में कलछुल चलने का स्वर
फैलती है भात की गर्म गाढ़ी भाप
रात के आर्द्र नथनों तक

चाँदनी से गीले हैं खेत छायाएँ खुदी हुईं भारी
ऐसी स्तब्धता शाखों के भीतर
ऐंठती मंजरों से भारी देह
बहुत दूर भीतर उठती है हूक
यह किसकी कूक है किसकी पुकार

कौन मुझे उठाता है धूल-सा, कैसा बवंडर
जाऊँआ उस अन्धे पुल तक जहाँ एक अकेला पेड़ है
बैठ कुछ देर फिर लौटूँगा
खाली है रास्ता बीत गया वक्त
कोई सवारी नहीं आती इस ओर शाम के बाद।

अमरफल

[1]

तोते का जुठाया अमरूद दो मुझे
जिसके भीतर की लालिमा फूटती हो बाहर
गिलहरी के दाँतों के दागवाला जामुन दो काला
    अन्धकार के रस से भरा हुआ
पक कर अपने ही उल्लास से फटता
एक फल दो शरीफे का
और रस के तेज वेग से जिस ईख के
    फटे हों पोर
वह ईख दो मुझे
और खूब चौड़े थन वाली गाय का दूध
जिसके चलने भर से
छीमियों से झरता हो दूध

मुझे छप्पन व्यंजन नहीं
    बस एक फल दो
        सूर्य का लाल फल
        अन्धकार का काला फल
जिसे बस एक बार काटूँ
और अमर हो जाऊँ
    वही अमरफल!

[2]

सबसे अच्छे फल थे वे
जो ऋतु में आए
जब पौधा था
पूरे उठान पर

लेकिन सबसे अन्तिम फल ही
जो पड़े डाल पर ज्वाए
टेढ़े–बाँगुर
अगली ऋतु के लिए सहेजे हमने
वही अमरफल!

मतलब

मैंने लाल दहकती हुई धमन भट्ठी देखी
और लगा कोई बुला रहा है
जैसे कोई दिल खुल रहा हो मेरे लिए
फाँक–फाँक हो रहा हो सूर्य–सन्तरा

मैं जब भी चित
मैदान में लेटा
आसमान बड़ी आँख की तरह
खींचने लगा मुझे
एकटक

और नदी के ठीक बीच में
जहाँ जल बिलकुल स्थिर गाढ़ा था
लगा कोई गोद है वहाँ कोई वक्ष

और तारों भरा आकाश
काले पहाड़-सा जिसके रोम-रोम से फूटा हो
चमचम झरना

यह सब इतना सुन्दर क्यों है?
आखिर क्या मतलब है इसका?

पुतली में संसार

और मैं देखता हूँ, तो मुझे केवल पुतली नहीं
पूरी आँख दिख रही है गुरुदेव
और मछली और वह खम्भा
और आकाश और आप और ये सब जन धनुर्धर
इतनी भीड़ इतनी ध्वनियाँ
और मैं तो केवल नीचे ताक रहा हूँ, तेल के कुंड में
फिर भी पूरा आकाश घूमता लग रहा है
और मुझे मछली की पुतली में घूमती
एक और छवि दिख रही है देव
किसकी छवि है यह
मछली किसे देख रही है
और कोई मुझे उसके भीतर से देख रहा है
मेरी पुतली पर इतनी छायाएँ
इतनी बरौनियों इतनी पलकों की अलग-अलग छाया
मुझे मछली की नदी की गन्ध लग रही है देव
मेरी देह में इतनी गुदगुदी
इतने घट्ठों इतने ठेलों भरी देह में यह कैसा कम्पन
मैं सारे मंत्र भूल रहा हूँ
सारी सिद्धि निष्काम हो रही है
ढीली पड़ रही हैं उँगलियाँ

पसीने से मुट्ठी का कसाव कम
मेरे पाँव हिल रहे हैं
कंठ सूख रहा है—
मुझे तो देखना था बस आँख का गोला
और मैं इतना अधिक सब कुछ क्यों देख रहा हूँ देव!

डेली पैसेंजर

मैंने उसे कुछ भी तो नहीं दिया
इसे प्यार भी तो नहीं कहेंगे

एक धुँधले-से स्टेशन पर वह हमारे डब्बे में
        चढ़ी
और भीड़ में खड़ी रही कुछ देर सीकड़ पकड़े
पाँव बदलती
फिर मेरी ओर देखा
और मैंने पाँव सीट से नीचे कर लिये
और नीचे उतार दिया झोला
उसने कुछ कहा तो नहीं था

वह आ गई
और मेरी बगल में बैठ गई
धीरे से पीठ तख्ते से टिकाई
और लम्बी साँस ली

ट्रेन बहुत तेज चल रही थी
आवाज से लगता था
ट्रेन बहुत तेज चल रही थी
झोंक रही थी हवा को खिड़कियों की राह
        बेलचे में भर-भर

चेहरे पर
बाँहों पर
खुल रहा था रन्ध्र-रन्ध्र
कि सहसा मेरे कन्धे से
लग गया
उस युवती का माथा

लगता है बहुत थकी थी
वह कामगार औरत
काम से वापस घर लौट रही थी
एक डेली पैसेंजर।

सम्बन्ध

तुम्हारी देह से छूटा हुआ पहला बच्चा
रो रहा था तुम्हारी देह के किनारे
और तुम्हारी छाती से दूध छूट नहीं रहा था
तुम हार गईं, माँ भी और दादी
और तुम्हें घेरकर खड़ी थीं टोले की औरतें
जिनकी साड़ियों के कोर गीले थे

मुझे बुलाया गया
सब हट गईं एक-एक कर
और माँ ने कहा, तुम इसका थन मुँह में
लेकर खींचो
और माँ भी बाहर हो गई
खड़ा रहा मैं जैसे हत्या लगी हो

तुमने हुक खोले
और गाय की बड़ी-बड़ी आँखों से मुझे देखा
मैं काँप गया

दोनों स्तन इतने कठोर
और बच्चा रो रहा था एक ओर

नहीं कह सकता वह सुख था या शोक
मैं तुम्हारा देवर, तुम्हारा पति या पुत्र
मैंने कंठ में रोक लिया था वह दूध

हम अलग हो चुके हैं अब
अलग-अलग चूल्हे हैं हमारे
और अलग-अलग जीवन
वह बच्चा भी अब सयाना है
और तुम भी ढल गई हो

फिर भी मैं कह नहीं सकता
यह कैसा सम्बन्ध है
मैं तुम्हारा देवर, तुम्हारा पति, तुम्हारा पुत्र
तुम्हारा?

एक रात घाट पर

सूर्य डूब रहा है।

भारी है पश्चिम स्थान
        सूर्य डूब रहा है।

धीरे-धीरे शाखों के बीच
पत्तों के बीच
जल और धरती-आसमान के बीच
एक-एक आदमी के बीच
        भर रहा है अन्धकार
सारा संसार अन्धकार की कसी गिरह।

ठंडक बढ़ रही है धीरे-धीरे
गर्दन सिहराती
उठती है हवा कभी-कभी
जल के तल को झुकाती-उठाती,
मलकती है नदी।

तुम इतने पास हो मेरे
कि रोम से बस छू रहे हैं रोम,
मैंने देखा तुम्हें
घने अन्धकार में भी, हर देह का होता है
अपना आलोक।

कितना अच्छा है रात-भर जगकर
सूर्य को उगते हुए देखना
देखना अन्धकार की खुलती गिरह।

रात का ढाबा

ऐसे अब भी हैं बहुत यहाँ
जिन्हें चाहिए रोशनी रात में
अब भी हैं बहुत यहाँ
जो टिमटिमा रहे अकेले निहंग एक छोर
दीप्त बादलों के पार
घुंडी में बन्द पारे की बूँद
शीत हो या ताप

चौड़ी हो रही हैं सड़कें
चढ़ रही है रात धीरे-धीरे
आ रहे होंगे ईरानी लड़के-लड़कियाँ
अकेला विधुर केंचुल में लिपटा
आ रही होगी वो युवती मीनाबाजार सी

आएँगे रात की पाली के छूटे मजदूर
        जोर-जोर से बोलते
आकर बैठेगा बेंच पर सफर में फँसा अनजान राहगीर
बैठा रहेगा देर तक वो जिसे भोर में बेचना है खून

जब सारे फूल मूँदते हैं अपना शरीर
ठीक तब खुलते हैं फूल कुछ भेद-से रात में
बिलों से निकलती है मर्म की मिट्टी
प्रगट होता है छुपा हुआ जल पत्ती की नोक पर
जब ठंडे हो रहे होते हैं सारे चूल्हे
तब पूरे ताव पर होता है रात का ढाबा

कुछ धुआँ धुआँ लग रहा है
चाँद पीछे ढह रहा है

सोचा भी न था कि मिलोगे तुम यहाँ
कि इतने दिन पर देखूँगा चेहरा तुम्हारा
        भट्ठी की धाह में उठता-गिरता

गिर रही ओस बदन तप रहा है
चाँद पीछे ढह रहा है।

नींद

धीरे-धीरे भारी हो रहा है
तुम्हारा शरीर
मेरी बाँह पर माथा तुम्हारा
        ढल रहा है

नींद का शरीर
        शीरे की तरह गाढ़ा
        शहद की तरह भारी

डूबता चला जाता है
जल में
        तल में

नींद मनुष्य पर मनुष्य का
विश्वास है।

कर्णफूल

खट-खट बजती हैं कुर्सियाँ
नाटक खत्म हो चुका है
अब स्थिर बड़ी सूखी
लग रही है रंगभूमि

देखता हूँ एक किनारे चमकता
कर्णफूल
जो नायिका के कान से खुल
गिर गया होगा कभी आवेग में

ऊपर चढ़ ज्यों ही उठाया
ध्रुवस्वामिनी ने देख लिया
जो धाई आ रही थी इधर ही
सहसा स्मरण पा।

अभिसार

प्याज की तेज गन्ध हींग जीरे की कपूर की गन्ध
मुझे किसी औरत की गन्ध लग रही है

अकेले जो रहता है नहीं है अकेले
अदहन में चावल छोड़ते भी नहीं हैं अकेले

उनकी साँसें छूट गई हैं यहाँ उनकी छाया
उनकी देह का प्रभा-वलय

मैंने कभी यह घड़ी बन्द नहीं देखी
        जब से आ रहा हूँ
और चाय के प्याले की यह डंटी कितनी साफ है
कितना साफ है शीशे के गिलास में पानी
इतना थिरा-थिरा घर उनके हाथों से चाला हुआ

आश्विन का साफ आकाश है
आधा चन्द्रमा से भरा
हवा ताँत से धुनी हुई हल्की

बड़ी अब होने लगी रात
देर तक बैठने के बाद आती है रात
गिरने लगी धूल पर ओस
चारों तरफ परछाइयों के छाप
और संचित सुगन्ध से व्यग्र रात्रिगन्धा

चाहता हूँ एक शाम जब साँकल पीटूँ
तो बहुत फुल्के कोई कुंडी खोले
और देखूँ सामने वृन्त पर वही
जिसकी इतने दिन से गन्ध लग रही थी।

वह आएगी

वह ऐसे ही आएगी किसी शाम अकस्मात्
बिना बताए
तुम दरवाजा खोलोगे विवश
और वह खड़ी होगी बाहर
        कुछ बारिश कुछ धूप
        जलता बल्ब पानी में भीगता।

वह ऐसे ही आएगी जब तेज बौछार होगी
जब लोग जहाँ-तहाँ छुपेंगे
और सड़कों पर बौछार होगी तेज हवा में नाचती
और तब वह खड़ी होगी तुम्हारे सामने
इतने सूखे साफ वस्त्र में
मानो वह धूप हो मैदान की।
वह ऐसे ही आएगी जब ठंड होगी कुहरे से भरी
तुम मुँह खोलोगे और भाप निकलेगी बोली नहीं
        शीतलहर अपने दाँत कटकटाती
जब तुम पूर्ण विराम की तरह बैठ चुके होगे अंग मोड़
वह पुकारेगी अचानक तुम्हें कोई प्लेटफॉर्म पर पुकारेगा
        माइक पर
हाँ तुम्हारा ही नाम कोई खोज रहा है
और तुम खोलोगे अपना शरीर एक गाँठ की तरह
वह ऐसे ही आएगी
लू की तरह ग्रीष्म की गोधूलि की तरह सोन में जल की तरह
और फिर ऐसे ही लौट आएगी अकस्मात्।

वे पुराने रास्ते अब भी हैं
अब भी हैं वे पुरानी दीवारें रास्तों से लगी हुईं
उन खिड़कियों में अब भी रोशनी है
अब भी उस पेड़ की छाया है

लौट चलो
धीरे-धीरे जूता उतारो और कमरे में भरने दो अँधेरा
जैसे-जैसे अँधेरा होगा उठेगी वो गन्ध
कालिख जितनी घनी होगी उतने ही फूटेंगे सफेद फूल बेतहाशा

वह आएगी इस रात और तुम्हारे वक्ष पर
छोड़ जाएगी अपने तलवे की छाप।

इन्तजार

जिसने खो दीं आँखें वह भी एक बार
झाड़ता है अपनी किताबें
बादल गरजते हैं उसके लिए भी
जो सुन नहीं सकता
जो चल नहीं सकता उसके सिरहाने भी
रखा है एटलस
जिससे कभी किसी ने साँस नहीं बदली
उसे भी इन्तजार है शाम का।

फरमाइश

चलते-चलते वह जुलूस
हाथी-घोड़े बत्ती वाला जुलूस
आगे-आगे चमचम नौजवान
पीछे सबके थोड़ी बढ़ी उम्रवाले इत्र के फाहे
और ढेर सारे बच्चे सलमा-सितारे
और ढेर बैंड बाजे
शहर का मशहूर गवैया चलन्त मंच पर माइक लिये

चलते-चलते वह जुलूस
एक सँकरे से रस्ते पर एक घर के सामने रुका
जैसा कि रुकता था हर थोड़ी देर पर नुमाइश में

चलते-चलते वह गवैया
जिसकी मखमली सदरी पर रुपए टँके थे ताबड़तोड़
जो हिल रहा था पारे-सा रोशनी में

इतना सजा इतना सुहावना कि खिड़कियाँ खुली की खुली
रह जातीं

चलते-चलते वह गवैया वहाँ रुका
और रुककर एक गाना पूरा किया
पंखों से भरी वह आवाज—इतना रवा इतनी धारियाँ
इतना पानी इतनी लपट—वो आवाज़ जो
दिल काढ़ लेती थी
फिर दूसरा गाना फिर तीसरा
लर टूटता न था जबकि रिवाज के मुताबिक
एक से ज्यादा एक जगह होना न था

जब साँस थमी और बैंड वालों के फूले गाल दबे
तो एक साथ आवाजें उठीं—बढ़ाओ-बढ़ाओ
पूरा जुलूस बोल रहा था
हाथी बार-बार सूँड़ फेंक रहे थे
ऊँट पैर बदल रहे थे और बत्तियाँ ढोने वाले
गरदन घुमाने की चाह में थे
लेकिन गवैये ने
शहर की सबसे मशहूर बैंड पार्टी के सबसे प्यारे गवैये ने
जो एक ही कंठ से गाता था दो आवाजों में और जिसने
कोतवाल के सामने भी कभी एक से दो नहीं गाया
उसी ने अब चौथा राग कढ़ाया मानो अपनी ही
फरमाइश पर
और एक हाथी जोर से साँस छोड़ता बैठ गया वहीं

वह क्यों रुक गया था उस रात वहाँ उस मोड़ पर
सुफेद मकान के आगे जो बत्ती की रोशनी में और भी सुफेद
लग रहा था
कोई नहीं जानता।

शाम

यों ही जब शाम होगी
रोशनी की छाप होगी
धूप तब तक गर चुकी होगी
हवा टुक उतर पेड़ों से हमें चुप घेर लेगी
जल नदी का तै नहीं कर पाएगा कि क्या करे उन खुले पालों
का
जब सोचता ठिठका रहेगा फल कि पहले कहाँ से कर दे शुरू
पकना
जब इक साँवरी भार देती स्तनों पर खोल देगी पाट दोनों
खिड़कियों के
हिलेगा नाक का मीना
मूँद लेगा आँख पोखर गोल नभ में नींद
जब भीड़ होगी पक्षियों की ठीक माथे पर
छिटेगा एक तारा
और मुँह पर हवा पाँखों की
झोर देगी वृद्ध बरगद को जड़ों तक
जब आखरी लड़के गेंद लुढ़काते घरों को फूटते होंगे
जोर की आवाज गप की छूटते मजदूर धाहें ईंट भट्ठों की
और फिर एक दम सन्नाटा
तब अकेले मैं निकल
फिर उन्हीं घबराई सड़कों पर
तेज चल कुछ फिर ठहरता साँस लेने
सोचता कि किधर जाना है
किसी के घर कि किसके घर
कि यों हि...

मेख

मेरे दिल में इतनी मेखें हैं
कि तन सकते हैं प्यार के हजार शामियाने
पर हाय जिस किसी काग को बनाया कासिद
वही कंकाल पर ठहर गया

पूर्णिमा का चाँद यह
घुमाता है मुझको चाक पर अपने
घुमाते-घुमाते एकदम छोड़ता हाथ
मैं गिरता हवाओं पे उघरता-खुलता

मैं तुम्हें सोचता हूँ बहुत
जल रही लालटेन सूखी लिपी भूमि पर
और तुम देख रहीं धूर की परछाईं
और तुम देख चमक रहीं शीशे-सी
यहाँ तो बादर हैं चारों तरफ
भीतर धुन्द सालों से ठहरा
रात भर बैठ चली गईं भेड़ें
खाली खेत फिर वही शीत

सबसे छुपा बाँधता हूँ रोज पट्टियाँ चुपचाप
देखता हूँ घाव अपने खोलकर हर रात।

(शाह लतीफ को पढ़कर)

अनुभव

और तुम इतना आहिस्ते मुझे बाँधती हो
जैसे तुम कोई इस्तरी हो और मैं भींगी सलवटों भरी कमीज
तुम आहिस्ते-आहिस्ते मुझे दबाती सहला रही हो
और भाप उठ रही है और सलवटें सुलट खुल रही हैं

इतने मरोड़ों की झुर्रियाँ–
तुम मुझमें कितनी पुकारें उठा रही हो
कितनी बंशियाँ डाल रही हो मेरे जल में
मैं चल चुका कागज जिस पर दौड़ती जा रही आखरी लाल
चिंगारी

मैं तुम्हारे जाल को भर रहा हूँ मैं पानी।

बारिश

इतनी घनी बारिश हो रही है
खूब घने केशों जैसी बारिश
खूब काली रात भारी रात
सफेद फूलों को रौंदती
इतनी घनी कि सब कुछ
भूलता जा रहा हूँ
यह भी कि कल एक चाँद था
और परसों कुछ तारे
इतनी घनी कि नहीं कहीं
तड़ित की कौंध न हवा
इतनी घनी बारिश कि पोखर का जल
छटपट
घनी गाँजे के धुएँ सी
इतनी कि भूलता जा रहा
यह भी कि एक चाँद था
और कुछ तारे थे
और मेरे बिस्तर पर पाँव मोड़े
वह स्त्री जो बादल थी कल तक
सब कुछ बिसरता जा रहा
पसरती है मलहम की गन्ध।

एक दिन

आज का दिन बहुत खराब रहा
आज मैंने बहुत डरावना संसार देखा

रोज कितने आराम से
चलता चला जाता था दूर तक टहलता
आज क्या हुआ कि घने कुहासे में मेरे पाँव
एक बूढ़ी औरत की लाश में फँस गए
आज मैंने एक बाप को
मरा हुआ बच्चा बिना कफन के गंगा में फेंकते देखा
देखा दो लोग एक बाँस की फट्टी में बाँधे
टाँगे चले जा रहे हैं एक कुचला हुआ शव
दिन में कई-कई बार लाश ढोने वाली गाड़ियाँ देखीं
ठीक सड़क के किनारे मैदान में दूर तक देखीं
लाशों की कतारें जमीन पर पारी हुईं और सैकड़ों लोग
चेहरा पहचानते
तुरत-तुरत जन्मा एक नीला बच्चा देखा ट्रे में रखा हुआ
वह किसका बच्चा था याद नहीं
छोटी-बड़ी कई कब्रें देखीं तुरत-तुरत भरी गईं गीली
कई ताबूत काले कपड़े में लिपटे
मैंने जिन्दगी में पहली बार एक मरा हुआ हाथी देखा
लगातार मैं जहाँ कहीं बैठता या जोर से साँस लेता
जलते मांस की गन्ध सँड़सी की तरह
मेरी नाक में घुसी
एक अजीब आवाज रोने की आवाज दूर से
किसी सोहर की तरह
कई ढँकी-दबी आवाजें पुआल के भारी बोझ की तरह

एक ही दिन में कितनी उम्र बढ़ गई मेरी
अभी तो दिन बीता भी नहीं!

शायर की कब्र

(नज़ीर अकबराबादी के प्रति)

न वहाँ छतरी थी न घेरा
बस एक सिलवट थी मिट्टी से उठती
मानो कोई सो गया हो लेटे-लेटे–
जिस पर उतनी ही धूप पड़ती जितनी बाकी धरती पर
उतनी ही ओस और बारिश–
और दो पेड़ थे आसपास बेरी और नीम के।

दिन भर कूदते वहाँ बच्चे मेमने गौरैया
और दिन ढलते जुट जाता सारा मुहल्ला
तिल के लड्डू, गंडा-ताबीज़ वाले,
डुगडुगी बजाता जमूरा रीछ का बच्चा लिये
और रात को थका-हारा मँगता सो रहता सटकर।

और वो सब कुछ सुनता
एक-एक तलवे की धड़कन एक-एक
कीड़े की हरकत
हर रेशे का अन्दर खाक में सरकना
और ऊपर परिन्दों के पंखों से फँटकी हुई हवा।

वह महज एक कब्र थी एक शायर की कब्र
जहाँ हर बसन्त में लगते हैं मेले
जहाँ दो पेड़ हैं पास-पास बेरी के नीम के।

चरथ भिक्खवे चारिकं

टूट चुकी है मेरी नौका
तटों पर बिखरा है मलबा

चलते ही चलना है मेरा भाग्य
जंगलों के बीच रास्ता बनाता
हाँकता रेवड़
किसी नदी नाले झरने किनारे
खूँट्य गाड़ता
पूरी पृथ्वी हाथों से लीपता

आज भी जब किसी मोड़ पर दिखते हैं बंजारे
हवा में लहराता घाघरा
मैं काँपने लगता हूँ
थरथराते हैं देह के बुरादे घूर्णों से भरे
वही है उत्तर दिशा
वही है मेरा विलुप्त महादेश–
जैसे हाथी अपने पुराने जंगल को याद करता है
वैसे ही कोई हवा मुझे चाँड़ती है–
रात में दूर किसी ट्रेन की सीटी
साफ आकाश में चाँद
किसी ट्रक की घूमती–घूमती हेडलाइट
पैरों की धूर
        पुकारती है मुझे
चैत की हवा–सी घुमाती कभी यहाँ कभी वहाँ
अन्तिम ठोप तक ऐंठती गारती

चक्कर है मेरे पाँवों में
मेरा शरीर एक बवंडर–
जिसने हरदम खूँटा तोड़ा
उस बैल की चमड़ी का जूता–
मेरे लिए नहीं कोई चतुर्मास
न आश्विन की पूर्णिमा की प्रवारणा
एक बार कथा बैठाकर

उठ भी तो नहीं सकता
टूट चुकी है मेरी नौका

अकेला पड़ता जा रहा हूँ रोज
भाप बन रहा है बचा हुआ जल
बहुत खाली लगा इस बार सिन्धु का नगर
स्मृति भी साथ छोड़ रही है
बहुत यत्न पर देखता हूँ उठता हुआ धुआँ
        हवा का थक्का
और किसी पत्तन सराय में
देह-भित्ति की भंगुर टेक–
इतना चले मेरे पाँव
पर चलने में आधा तो रुका ही रहा
एक पैर उठा तो एक पैर स्थिर

गैंडे के सींग की तरह अकेला चलता चलूँगा
दो घरों से अन्न उठाता–
देवदारु से ढँके ढलान और चोटियाँ अकेली–
वहीं एक निर्जन शिखर पर देखा था नर कंकाल–
हिम दूर तक हिम
हवा बहुत पतली फिर खड्ड फिर अजपाद होते
मंझा सूत-सी पहाड़ी नदी पार कर
पड़ेगी एक बस्ती
जहाँ मुझे जाना है ढूँढ़ने खंडित मूर्तियाँ

कहाँ हैं वे खंडित मूर्तियाँ
कहाँ है वह आँख से छिटकी हुई ज्योति
तटों पर बिखरा है मलबा

बर्फ मढ़े शिखर पर थोड़ा सुस्ता
फिर फड़फड़ा रहे हैं मेरे पंख

फिर सूर्य को इतने समीप पा–
शिखर छू वापस मैदानों में लौटने की इच्छा–
फिर वही हवा चैत की फिर वही धरती कदम्ब का फूल
जो बसी है हवा सृष्टि की पहली हवा मेरे फेफड़ों में
उसे किसी वृक्ष के कोटर में रख दूँ

हिम दूर तक हिम
यहाँ अच्छा लग रहा है
सूख रहा है पसीना
अलग हो रहा है रोआँ–रोआँ
ढेले–सा भरक रहा है शरीर
अच्छा लग रहा है यहाँ बैठे रहना–
हिम दूर तक हिम ही हिम और देवदारु
ओफ्फ, मैं भूल ही गया था
मुझे एक छट्ठी में जाना है
और एक श्राद्ध में!

(राहुल सांकृत्यायन के यात्रा पर्यवेषणों पर आधारित)

स्वप्न

वह बार–बार भागती रही
ज्यों अचानक किसी ने नींद में पुकारा
कभी किसी मन्दिर की सीढ़ी पर बैठी रही घंटों
और फिर अँधेरा होने पर लौटी
कभी किसी दूर के सम्बन्धी किसी परिचित के घर
दो–चार दिन काटे

कभी नैहर चली गई
हफ्ते–माह पर थककर लौटी
हर बार मार खा भागी

हर बार लौटकर मार खाई
जानती थी वो कहीं कोई रास्ता नहीं है
कहीं कोई अन्तिम आसरा नहीं है
जानती थी वो लौटना ही होगा इस बार भी
गंगा भी अधिक दूर नहीं थीं
पास ही थीं रेल की पटरियाँ
लेकिन वह जीवन से मृत्यु नहीं
मृत्यु से जीवन के लिए भाग रही थी
खूँटे से बँधी बछिया-सी जहाँ तक रस्सी जाती, भागती
गर्दन ऐंठने तक खूँटे को डिगाती
वह बार--बार भागती रही
बार-बार हर रात एक ही सपना देखती
ताकि भूल न जाए मुक्ति की इच्छा
मुक्ति न भी मिले तो बना रहे मुक्ति का स्वप्न
बदले न भी जीवन तो जीवित बचे बदलने का यत्न।

जीवन का चौथाई

गाँधी मैदान में भारी भीड़ थी। झंडे थे। बन्दनवार थे।
गत्ते के बड़े-बड़े बादशाह बेगम गुलाम।
जैसे दशहरे में रावण वध के समय बड़े-बड़े पुतले।
बीचोबीच सभा चल रही थी।
खूब लोग थे। खूब लोग गिरे थे। महामारी थी।
कहते हैं गाँव के गाँव खाली हो गए थे।
जोर-जोर से भाषण चल रहा था।
राजनीति इतनी कड़ी चल रही है कि हँसना बोलना
हगना मूतना सबमें राजनीति है
लगा माथा घूम जाएगा।
मारकाट की बात हो रही थी।

भाषण से साफ था कि दुश्मन के सारे लक्षण मुझमें विद्यमान हैं
लगा कोई मुझे ताक रहा है।
किसी ने पहचाना और सैकड़ों गरदनें मेरी तरफ घूम गईं।
मैं भागा। भागा।
मैदान के भीतर किनारे-किनारे चारों तरफ पेड़ों का घेरा है।
भागता उधर आया।
पेड़ों के नीचे छाँह में ठंडक थी।
गुलमोहर इतने खिले थे कि उनके फूलों से पेड़ों के नीचे की मिट्टी लाल थी।
छाया तक लाल। आवाज आ रही थी।
इन्तजाम इतना पक्का था कि जो लोग घर पर रह गए थे
उन तक भी आवाज जा रही थी।
अस्पताल, सौरि-मसान, अस्तबल, पाखाना हर जगह।
कोई बचने न पावे। थोड़ी देर खड़ा रहा।
मुझे चक्कर आ रहा था। आगे बढ़ा किनारे किनारे।
थोड़ा फाँका मिला।
अब मैदान के चारों ओर जो घेरा है उसका इलाका शुरू हुआ।
जीवन का चौथाई।
मूँगफली बेचने वाले, कुल्फी ठेले वाले, झाल-मूढ़ी वाले, मिलने लगे।
राहगीर, भिखमंगे, निठल्ले, शोहदे, एक-दो मरीज।
कहीं पेड़ के नीचे चम्पीवाला एक पतले-दुबले आदमी की मालिश कर रहा था।
कहीं कोई कान का खोंट निकलवा रहा था।
लेकिन कान लगातार भर रही थी।
इतनी आवाज थी।
कोई पहलवान मर्दाना कमजोरी दूर करने की पुड़िया बेच रहा था।
वहाँ अच्छा मजमा था।
पास ही पानदरीबाँ कचौड़ी गली की किताबें पसारे
एक अधेड़ ढेर से गाहकों को निपटा रहा था

पत्थर की टूटी बेंच पर एक नौजवान छाती पर प्रतियोगिता पत्रिका धरे सो गया था।
दो बूढ़े धीरे-धीरे अपनी बहुओं की शिकायत कर रहे थे।
एक कोने में भागवत चल रहा था।
कुछ लड़के बची हुई जगह में फुटबॉल खेल रहे थे
और आश्चर्य कि कुछ दर्शक इस मैच को भी मिल गए थे।
आवाज लगातार आ रही थी।
एक नया जोड़ा बेंच पर बैठा मूँगफली खत्म करके नमक चाट रहा था।
कुछ बात पर हँसता।
मैं थोड़ा रुक गया।
उन्हें निहारता रहा, थोड़ा आगे-पीछे होता ताकि
उन्हें न लगे मैं उन्हें देख रहा हूँ।
पर वे उठ गए।
साँस की भाप पहचान में आ गई।

ईद '82

वो जो कल रात-रात तक बैलूनों का पेड़ लिये बेचते फिरे
वो जो बाँसुरी-पिपिहरी कन्धे पर लादे गली-गली घूमे
वो बेवा का बेटा मोअज्जिन जिसकी अजान पर नमाजी
टोपियाँ सँभालते मस्जिदों को दौड़े
और वो खुश लड़कियाँ-औरतें जिन्होंने देर रात तक
चूड़ियों की दुकानें गुलजार कीं, बहुत देर बुर्का हटाए रहीं
और वो रिक्शा वाले जिन्होंने ईद की सेवइयाँ जुटाने में
रोजा भी छोड़ा-
सबको सबको ईद मुबारक
और उन्हीं के साथ उन्हें भी ईद मुबारक
जो लेबनान में बेघर हैं अब
बम गोलों के धुएँ में जिनको नहीं ईद का चाँद मयस्सर

कन्धों पर बन्दूक उठाए जंगल-जंगल घूम रहे जो
जो माताएँ बच्चों को सीने से साटे
रोटी के टुकड़ों की खातिर ताक रही हैं आसमान को
आज उन्हें भी ईद मुबारक

आज ईद की रात हजारों लोग
भूखे-प्यासे बेघर होकर घूम रहे हैं
और समूचा अरब समूची दुनिया देख रही है
चाँद ईद का
चाँद कटा किसके हिस्से का?
चाँद कटा किसके हिस्से का?

किस-किस की कुंडी खटकाएँ
सब दरवाजे बन्द
सब दरवाजे बन्द आज की रात
ईद की रात
कन्धे से झोली लटकाए घूम रहा दरवेश शहर में
सब दरवाजे बन्द।

शिविर

(जम्मू से लौटते हुए)

'शरणार्थी शिविर अब इस बार नहीं जा पाएँगे।
मन तो बहुत था। पर ठंड लग रही है। ललाट तप रहा है।
ये कैसी हवा है यहाँ?'

'आप और कम्बल डाल लो। लेट जाओ।'

मैं झुक रहा हूँ।
मैं पाला लगे खेत-सा झुक रहा हूँ।
बदन गनगना रहा है। आँखें झिप रही हैं।

लगता है गिर जाऊँगा इस अजनबी शहर में।
मेरा घर यहाँ से एक हजार सात सौ सत्तर किलोमीटर दूर है।

शरणार्थी शिविर अब इस बार नहीं जा पाएँगे।
घर से सोचकर तो चला था।

कितनी ठंड है अभी भी माघ में यहाँ।
'शिविर में प्रबन्ध है?'
'ज्यादातर तो लू से मरे—गर्मी से—मधुमेह बहुत है इधर
मैं तो इसी एक कोठरी में रहा कई साल पूरे परिवार के साथ।'

मैंने कहवा पिया।
आज देवी सरस्वती का कोई व्रत था। वितस्ता का जन्मदिन
शायद।

राजी रहो बेटा, माँ ने कहा।
दोस्त ने सामान उठाया।
मैं ठीक से प्रणाम भी न कर सका गृहलक्ष्मी को।

पटना में अपना घर है आपका?
नहीं।
गाँव पर?
नहीं।
फिर?
मेरा कंठ सूख रहा है
शरणार्थी शिविर अब इस बार रह गया।

और स्टेशन के पहले हमारा ऑटो दो बार रोका गया।
अचानक तेज टॉर्च। खोजबीन। तलाशी।
कुछ बोलो मत। चुपचाप उतर लो। दोनों हाथ ऊपर।
मेरी गाड़ी छूटेगी तो नहीं?
जो हो, बोलो मत। शक तो सब पर है। खतरा भी।

इस ठंड में मेरा शरीर खेतों के बीच अलाव-सा जल रहा है
'जो प्रेम करता है उससे ज्यादा शरणार्थी कोई नहीं
याद रख बन्दे, इस दिल से बड़ा कोई शिविर नहीं'–
किसकी कविता याद आई बेसाख्ता। लगता है ज्वर बढ़ रहा
है।

तुम देर न करो दोस्त लौट जाओ।
जितनी जल्द घर पहुँच लो उतना अच्छा।
मैं तो रास्ते में हूँ ही।

शहंशाह मैकबेथ

कैसी लगती है दुनिया
अगर कोई बन्दूक की नली से देखे?

कहते हैं, बेलाडिला लोहे की खान है
या दौड़ते घोड़े की गरम नाल
कहते हैं, पन्तनगर बीजों की खान है
या गेहूँ की पकी हुई पुख्ता बाल

कैसा लगा बेलाडिला
कैसा लगा पन्तनगर तुम्हें शहंशाह
जो तुमने बन्दूक की नली से देखा

'मांस का एक गोला
मांस का एक गोला
सारी दुनिया बस एक मांस का गोला'

वाह!
जनरल डायर के जूते ऐसे

कि हर शहंशाह के पाँवों में फिट
और बन्दूक की नली हर शहंशाह की
प्यारी इकलौती दूरबीन
लेकिन दुनिया बहुत बड़ी है शहंशाह
बन्दूक की नली में अँटेगी नहीं
सामने देखो, कौन आ रहा है
मांस का एक गोला?
शहंशाह मैकबेथ, अब तुम बचोगे नहीं
आदमी बढ़ा आ रहा है
आदमी
आदमी जैसे बर्नम का जंगल।

राख

शायद यह रुक जाता

सही साइत पर बोला गया शब्द
सही वक्त पर कन्धे पर रखा हाथ
सही समय किसी मोड़ पर इन्तजार

शायद रुक जाती मौत

ओफ्! बार-बार लगता है मैंने जैसे उसे ठीक से पकड़ा नहीं
गिरा वह छूटकर मेरी गोद से
किधर था मेरा ध्यान मैं कहाँ था

अचानक आता है अँधेरा
अचानक घास में फतिंगों की हलचल
अचानक कोई फूल झड़ता है
और पकने लगता है फल

मैंने वे सारे क्षण खो दिए
वे अन्तिम साँस के क्षण
अपनी साँस उसके होंठों में भरने के क्षण
भरी थीं सारी टंकियाँ जब वह एक घूँट पानी को
तड़पा इतनी हवा थी चारों ओर
उस समय क्या कर रहा था मैं
याद करो तुम क्या कर रहे थे उस वक्त
मुझे सोना नहीं था नहीं
मुझे अपनी पलकें अंकुशों से खींचे रखनी थीं
मैं चीख तो सकता था मैं रो तो सकता था जोर से
मेरे तलवे काँपते तो भूकम्प से

जिसमें इतनी आग थी
उसकी इतनी कम राख!

भार

जो जीवित हैं उनसे बहुत अधिक हैं वे जो मृत हैं
जीवन से कहीं अधिक है मृत्यु का भार हम पर जो जीवित हैं
हम जो झड़े फूलों के वृन्त हैं
हम जो उड़ते बीज हैं कटे पेड़ों के
उस सबका भार पुतलियों पर जो देखा जा चुका वो सब जो
मुद्रित है वक्ष के सिंझते लाह पर
उस सबकी काई जो बहा हम पर

जीवितों की संख्या से कहीं अधिक है मृतकों की आबादी
फिर भी मर्त्यलोक से ज्यादा बड़ा है जीवन-संसार
फिर भी धुआँ उठ रहा है बस एक कोने पर
बाकी पानी है चारों तरफ और जीने की डोंगियाँ

समूचे शरीर में खून के साथ सुई के नाचते जाने की यातना
चिथड़े करती इस अन्तिम वस्त्र को
आधी रात को धारासार वर्षा में गूँजता है जच्चा वार्ड
इतना बड़ा शहर इतनी संकीर्ण कब्रगाह

मैं तुम्हें अचानक सोचता हूँ जैसे एक ट्रक की तेज हेडलाइट
और फिर एकदम ढहता-गिरता अँधेरे खड्ड में
इतने सितारे
इतनी हवाओं के झालर
कोई पीछे से छूता है मेरा कन्धा
घूमता हूँ तो खाली मैदान और हवा...।

मौत

खूब साफ थी लौ कि अचानक
        झुक गई बत्ती
किसी को मालूम नहीं था—
        धीरे-धीरे गल रहा था मोम
        धीरे-धीरे जल रहा था सूत

मैं क्या कहूँगा जाकर बच्चे की माँ से
कैसे मैं सामने खड़ा हो पाऊँगा

दौड़ती चली जा रही थी गेंद खूब तेज
एक छोर से दूसरे छोर मैदान में कि अचानक
        झाड़ी में छुप गई

जिसका बेटा मर गया हो
उससे कोई क्या कहेगा जाकर

मैं तो यह भी नहीं कह सकता—ईश्वर की इच्छा है सब
उसी ने दिया था
उसी ने ले लिया

फिर भी मैं क्या कहूँगा जाकर?

स्थिति

जो अग्नि देकर आया है उसे अकेला छोड़ना ठीक नहीं रात में
पता नहीं कब वह चौंककर बैठ जाए, डर जाए—
राख हो जाने के बाद भी कुछ है जो जलता रहता है
गंगा में प्रवाह के बाद भी कुछ है जो बहता रह जाता है रक्त में—
कोई तो चाहिए जो सोए उसके पास आज रात

लेकिन सोएगा कौन?
जो कहकर गए कि आते हैं थोड़ी ही देर में
वे अभी तक नहीं लौटे—
लोग खाकर हाथ-मुँह धो रहे हैं
लोग मसहरियों के डंडे ठीक कर रहे हैं
किसी के माथे में दर्द है
किसी को कल के लिए सितार का रियाज करना है
सबको कुछ न कुछ काम पड़ गया है अचानक
कोई तैयार नहीं
कोई भी तैयार नहीं बैठने को उसके पास जो अग्नि देकर
आया है और सफेद मलमल में लिपटा
कोने में पड़ा है चुपचाप

जो जवान बेटे को फूँककर आया है
उसे अकेला छोड़ना ठीक नहीं रात में।

गया

घुटे हुए माथों से पटा हुआ शहर
तेज रेत चढ़ी धूप में ऊँघता श्लथ
छलछलाता पीपल में बचा हुआ जल
फल्गु का

कोई भटकती आत्मा बार-बार पीटती है किवाड़
अचानक खुलता है भारत टकीज का किवाड़ पर्दे के पास
एक रोशनी छुटकर गिरती तेज आवाज फिर घुटती
रैयतों के पसीने से पटी हैं शाम को सराय की सड़कें
दूर बिसार तालाब में पानी अन्तिम ज्योति

इतने तर्पण के बाद भी कौन पितर हैं वे जो तृप्त नहीं
वे कौन से पितर जो बार-बार लौटते हैं
        इसी धधकती धरती पर
ढूँढ़ते अपना पिंड चूल्हों की राख में

सुनसान लम्बी सड़क पर अकेला चला जा रहा है एक बच्चा
और उसे घेरती हैं प्रेतात्माएँ लाखों साल पुरातन जर्जर।

श्राद्ध का अन्न

[1]

श्राद्ध का अन्न खा लौट रहे तेज कदम
दूर गाँव के ग्रामीण जोर-जोर से बतियाते
व्यंजनों का स्वाद मृतक का आचार-व्यवहार
लगाते ठहाका
भूँकते कुत्तों को पीछे रगेदते—
लालटेन लगभग जमीन छूती

परछाइयाँ चारों बगल नाचतीं–
उड़ाते धू!

[2]

कठिन है निगलना श्राद्ध का अन्न–
पाँत में बैठना
फिर परोसन का इन्तजार
फिर कौर उठाना सामने मृतक के पिता के
कठिन है कंठ के नीचे उतारना

कोई भीतर दोनों हाथों से ठेल रहा है निवाला
अवरुद्ध है कंठ
मुँह चल नहीं पाता
बरौनियाँ हिल नहीं रहीं
पालथी में भर गई जाँघ–
सामने खड़ा है मृतक हँसता
पूछता, कैसी है बुँदिया कैसा रायता?

जिसने खून होते देखा

नहीं मैंने कुछ नहीं देखा
मैं अन्दर थी बेसन घोल रही थी
नहीं मैंने किसी को

समीर को बुला देंगी
समीर मैंने पुकारा
और वह दौड़ता हुआ आया जैसे बीच में खेल छोड़
कुछ हाँफता
नहीं-नहीं मैं चुप रहूँगी मेरे भी बच्चे हैं घर है

वह बहुत छोटा था अभी
एकदम शहतूत जब सोता
बहुत कोमल शिरीष के फूल–सा
अभी भी उसके मुँह से दूध की गन्ध आती थी
ओह मैंने क्यों पुकारा
क्यो मेरे ही मार्फत यह मौत मैं ही क्यों कसाई का ठीहा
नहीं–नहीं मैं कुछ नहीं जानती मैंने कुछ नहीं देखा मैंने
किसी को

वे दो थे एक तो वही उन्होंने मुझे बहन जी कहा या आंटी
रोशनी भी थी और अँधेरा भी बहुत फतिंगे थे बल्ब पर
मैं पीछे मुड़ रही थी
कि अचानक
समीर मैं दौड़ी समीर
दूध और खून
नहीं नहीं नहीं कुछ नहीं

मैं सब जानती हूँ
मैं उन सबको जानती हूँ
जो धाँगते गए हैं खून
मैं एक–एक जूते का तल्ला पहचानती हूँ
धीरे–धीरे वो बन्दूक घूम रही है मेरी तरफ

चारों तरफ।

बच्चों के डॉक्टर की मौत पर

छोटी–सी खबर थी
बच्चों की दवा–खुराक जैसी छोटी खबर

और उतनी ही छोटी
शवयात्रा भादों की उस सुबह

तुम्हें याद भी है वह चेहरा
धूल में लकीरों से भरा
मुलायम तलहथियाँ और
पपोटों के नीचे बेचैनी
और कान में तेज धड़कते
दिल की खटखट?
कौन जानता है उसका नाम फिर
कीचड़ में फँसी उसकी गाड़ी का नम्बर
याद है किसे द्वारपाल का चेहरा?

कभी उसने कहा नहीं कि उसे सबसे सुन्दर लगीं
वे औरतें जो पहली बार माँ बनीं
और आईं उसके पास दूध से भरी हुईं
उसे हमेशा आश्चर्य हुआ कि कैसे
बच्चे को देखते उच्छृंखल बाप भी इतना बेचैन हो जाता है
जैसे हवा भरी गेंद
वो क्या है इस बिलबिलाती भंगुर देह में
जो आदमी को पागल कर देता है
जो नहीं था अभी-अभी और अभी है
उसके लिए अचानक इतना तूफान-हाहाकार
यह उगता हुआ दाँत यह जीवन नाखून की कतरन
कितनी है जीवन की लागत

वे बच्चे फिर कभी आए नहीं उसके पास
वे माँएँ भी नहीं
वह भी तो फिर किसी को पहचान नहीं पाया
और तुम भी तो नहीं

वे सब तुम्हारे लिए छोटे पड़े कपड़े ही तो हैं
देह से छोड़े हुए
मुंडन में गिरे पहले केश।

दुःस्वप्न

(न्यूट्रॉन बम के बाद)
[न्यूट्रॉन बम गिरने पर सारे जीव नष्ट हो जाएँगे।
लेकिन निर्जीव सुरक्षित बचेंगे।]

कोई आवाज नहीं
कहीं कोई नजर नहीं आता
आधा दिन बीत गया
कहीं कोई चिड़िया का पूत नहीं

बहुत भूख लग गई है
अब कुछ खाने को चाहिए
सैकड़ों साल से चलता आ रहा हूँ
इसी तरह नंगे पाँव
        हाथ में कुदाल लिये
        कन्धे पर जाल डाले
        कालिख–पसीने से लथपथ
कीचड़ में पानी में तपते रेत में
चलता–चलता आज कहाँ आ गया हूँ

चिड़ियों और अंडों से भरा एक घोंसला गिरा है सड़क किनारे
एक गिलहरी पड़ी है बीच राह पर
सब पेड़ झुलसे हुए
        अजीब सन्नाटा है

कैसी दुनिया है यह
मैं कहाँ चला आया हूँ
आँख पर तेज धूप पड़ रही है

कौन रहता है यहाँ इस आलीशान मकान में
इतना बड़ा आलीशान मकान
परदे उड़ रहे हैं हवा में
पर कहीं कोई नजर नहीं आता
मेरी पदचाप से सोया हुआ कुत्ता हिला भी नहीं
मैंने घंटी दबाई

और अचानक बहुत तीखी आवाज हुई
लेकिन कोई भी बाहर नहीं आया
दरवाजा खुला हुआ खिड़कियाँ खुली हुईं
इतना बड़ा आलीशान मकान–
आखिर थककर मैंने परदा उठाया

एक बच्चा पालने में पड़ा है चुपचाप
एक औरत पलंग पर औंधे मुँह लेटी
एक बूढ़ा बीच आँगन में
एक और आदमी दरवाजे के पास
एक बच्चा
एक बच्चा सोफे पर गाँठ की तरह उमेठा हुआ
और डाइनिंग टेबुल पर सजी हैं थालियाँ
तेज पंखा चल रहा है

कहीं कोई आवाज नहीं
सिर्फ नाली में पानी बहने की आवाज
सारी दुनिया खाल में भूसा भरे बछड़े की तरह

मुझे चाहिए हरी–भरी दुनिया
घने पेड़ों के चलते अँधेरा हुआ रास्ता
बच्चों की दौड़ से हिलता हुआ घर
और अपनी माँ के थनों को हुमकता
गाज भरे मुँह वाला
        उजला बछड़ा

कहाँ ले आए हो मुझको कोलम्बस
मैं कहाँ चला आया हूँ?

मई का एक दिन

मैं टहल रहा था गरमी की धूप में–
टहल रहा था अशोक पेड़ की तरह बदलता
अतल ताप को हरे रंग में।

वह कोई दिन था मई के महीने का
जब वियतनाम सीढ़ियों पर बैठा
पोंछ रहा था
खून और घावों से पटा शरीर,
कम्बोडिया जकड़ी सिकड़ियाँ खोलता
गृह–प्रवेश की तैयारियों में व्यस्त था
और नीला आकाश ताल–ताल में
फेंक रहा था अपनी शाखें।

ऐसा ही दिन था वह मई के महीने का
जब भविष्य की तेज धाह मेरे चेहरे को
        तप्त कर रही थी–
तुमने, वियतनाम, तुमने मुझे दी थी वह ताकत

कम्बोडिया, तुमने, तुमने मुझे दी थी वह हिम्मत
कि मैं भविष्य से कुछ बातें करता
टहल रहा था–
क्या हुआ जो मैं बहुत हारा था
बहुत खोया था
और मेरा परिवार तकलीफों में गर्क था
जब तुम जीते तब मैं भी जीता था।

मैं रुक गया एक पेड़ के नीचे
और ताव फेंकती, झुलसी हुई धरती को देखा–
मैंने चाक पर रखी हुई ढलती हुई धरती को देखा;
और टहलता रहा
टहलता रहा गरमी की धूप में...

जैसे

जैसे
मैं बहुत सारी आवाजें नहीं सुन पा रहा हूँ
चींटियों के शक्कर तोड़ने की आवाज
पँखुड़ी के एक-एक कर खुलने की आवाज
गर्भ में जीवन बूँद गिरने की आवाज
अपने ही शरीर में कोशिकाएँ टूटने की आवाज

इस तेज बहुत तेज चलती पृथ्वी के अन्धड़ में
जैसे मैं बहुत सारी आवाजें नहीं सुन रहा हूँ
वैसे ही तो होंगे वे लोग भी
जो सुन नहीं पाते गोली चलने की आवाज ताबड़तोड़
और पूछते हैं–कहाँ है पृथ्वी पर चीख?

पीछे से

कितना साफ आकाश है
पानी से पोंछा हुआ दूर ऊपर उठा उठता जाता नील
बादलों के तबक कहीं–कहीं
और इतने पंछी उठ रहे झुक रहे
हवा बस इतनी कि भरी है सब जगह
और एक चिड़िया वहाँ अकेली ठहरी हुई
जिन्दगी की छींट

कितना सुन्दर है संसार दिन के दो बजे
मनोहर शान्त
और यह सब मैं देख रहा हूँ
गुलेल के पीछे सें

(एक पुनर्रचना)

वित्त मंत्री के साथ नाश्ते की मेज पर अरुण कमल

(अखबार में एक तस्वीर)

यही एक तस्वीर है जहाँ मेरा चेहरा थोड़ा दब गया है
और मुझसे पूरी तरह मिलता भी नहीं
पीछे न तो तारीख है न स्थान
पूरी मेज भोजन से भरी है
इतनी भरी कि मेरी भूख ही मर गई

अभी–अभी दिवालिया हुए थे बैंक
करोड़ों–करोड़ बेरोजगार मधेपुरा बाढ़ में दिल्ली में दहशत
सड़कें भिखमंगों से पटीं चारों ओर एक हूक

मेरा सौभाग्य था जो मैं वित्त मंत्री के साथ था उस सुबह
नाश्ते की मेज पर

चलते समय उन्होंने उपहार दिया—एक छुरी एक काँटा
मेड इन अमेरिका और लाड़ से कन्धा थपथपा
राष्ट्रभाषा में कहा—टेक केयर यंग मैन! टेक केयर!

घोषणा

मैंने गौर से देखा और पाया कि राष्ट्र के प्रधान के
        जीवन में नींद नहीं

मंत्रिमंडल की बैठक हमेशा देर रात
हर जरूरी फैसला आधी रात के बाद
फौज की तैनाती का हुक्म ढाई बजे रात
विरोधियों की नजरबन्दी का आदेश पौने तीन
चीनी पर टैक्स बढ़ाने का फैसला मध्य रात्रि के इर्द-गिर्द
विदेश यात्रा की उड़ान रात दो बजे
विदेशी मेहमान का विमानपत्तन पर स्वागत तीन बजे
हत्यारों से मंत्रणा किसी भी क्षण
        जीवन में नींद नहीं

राजा चुपके से काटता है चक्कर रात में
नए-नए भेस में अलग-अलग घात में
जो सोए उनके माथे से तकिया खींचता
फेंकता खलिहान में लुकाठी
मसोमात के खेत से मूली उखाड़ता
खोलता बदरू की पाठी
गुद्दा गटक फेंकता आँगनों में आँठी
        जीवन में नींद नहीं

माना कि वहाँ बहुत उजाला है
फिर भी रात में रात तो है ही
और इधर आलम ये कि नौ बजते-बजते ढेर

और दस तक तो देह के सारे पुरजे खोल
मैं विसर्जित हो जाता हूँ महासमुद्र में

सो, मैं भारत का एक नागरिक, एतद् द्वारा घोषणा करता हूँ कि
नींद
मुझे राष्ट्र के सर्वोच्च पद से ज्यादा प्यारी है।

उत्सव

देखो हत्यारों को मिलता राजपाट–सम्मान
जिनके मुँह में कौर मांस का उनको मगही पान

प्राइवेट बन्दूकों में अब है सरकारी गोली
गली–गली फगुआ गाती है हत्यारों की टोली
देखो घेरा बाँध खड़े हैं जमींदार के गुंडे
उनके कन्धे हाथ धरे नेता बनिया मुँछमुंडे
गाँव–गाँव दौड़ाते घोड़े उड़ा रहे हैं धूर
नक्सल कह–कह काटे जाते संग्रामी मजदूर
दिन दुपहर चलती है गोली रात कहीं पर धावा
धधक रहा है प्रान्त समूचा ज्यों कुम्हार का आँवा
हत्या–हत्या केवल हत्या–हत्या का ही राज
अघा गए जो मांस चबाते फेंक रहे हैं गाज

प्रजातंत्र का महामहोत्सव छप्पन विध पकवान
जिनके मुँह में कौर मांस का उनको मगही पान।

शेली के प्रति

[दो सौवीं वर्षगाँठ पर]

फहरा रही है पछया हवा में
स्वाधीनता की जर्जर पताका

दुनिया की विधानसभाओं से बहिष्कृत
खड़े हैं कवि भग्नमूर्ति के पास नंगे पाँव

विफल हो चुका दासों का विद्रोह
रौंदा जा रहा है पवित्र गर्भगृह
स्पार्टकस मारा गया मारा गया प्रमथ्यु
झोंका गया आग में जिन्दा
जो बैकुंठ से चुराकर लाया था आग

आज तुम्हारे जन्मदिन की रात
बहुत अन्धकार है और एक भी मोमबत्ती
नहीं मेरे पास
अपनी पीठ के सिवा नहीं कोई टेक
अपनी आँख के सिवा न कहीं प्रकाश
जीवित होना आज बहुत बड़ा भार है
युवा होना भीषण अभिशाप

मेरे भी सब केश पक चुके हैं करीब–करीब
पर आत्मा का एक भी केश सफेद नहीं
अभी भी बचा है वक्ष पर पर मांस का अन्तिम कौर

फहरा रही है जर्जर चील पछया हवा में।

श्रद्धांजलि

वह रुकी पड़ी घड़ी थी बेकार

बहुत सोचा बेच दूँ कबाड़ी के हाथ
या घूरे पर फेंक दूँ
किराए के मकान में इतनी भी जगह नहीं कि बन्द बेकार घड़ी
पड़ी रहे कहीं बतौर यादगार–उन दिनों की

जब मैं ब्राह्ममुहूर्त में उठता अलार्म की आवाज पर
और लालटेन चौकी पर जमा किताब खोलता–
चारों तरफ अन्धकार और बीच में रोशनी की कील
या जब आश्विन की बीरत रात खुल जाती नींद
टिक–टिक आवाज अँधेरे को कोड़ती
और मैं बाहर झाँकता
आसमान में इतनी भीड़ तारों की
रश्मियों की धूल इतना रोर

वह घड़ी उन आँखों की तरह थी
जिनका प्रकाश अस्त हो चुका है
फिर भी जो खुली रहती हैं एकटक
और उनके सामने झूठ बोलते डर लगता है

समय एक नहीं रहता कहते थे बाबा
घड़ी का भी नहीं सोचकर अजीब लगा

एक रोज अचानक रात में उठा पसीने से तर
चारों ओर लगा घेरा ही घेरा है
लगा मैं चुन दिया गया हूँ जिन्दा दीवार में
कि सहसा एक ओर कुछ कौंधा सर्पमणि–सा–
        वही बेकार घड़ी
जिसका रेडियम दमक रहा था अब भी अँधेरे में।

थूक

जब वह गुंडा प्राचार्य मान बहादुर सिंह को
उनके कक्ष से खींच घसीटे जा रहा था
तब हजारों विद्यार्थी जमा थे चारों तरफ
और वह गुंडा अकेला था और मान बहादुर अकेले

कॉमरेड सुधीर ने घटना बताते हुए कहा था
अगर सब लोग केवल थूक देते एक साथ
तो गुंडा वहीं डूब जाता

यही तो कहते रहे कवि मान बहादुर जीवन भर
पर कितना कम थूक है अब इस देश के कंठ में।

बुढ़ापा

(बादशाह ख़ान के प्रति)

बुढ़ापे का मतलब है सुबह-शाम
खुली हवा में टहलना बूलना
बुढ़ापे का मतलब ताजा सिंकी रोटियाँ
शोरबे में डबो-डबो खाना
बुढ़ापा यानी पूरे दिन खाट पर
हुक्का गुड़गुड़ाना, आते-जाते
किसी भी आदमी को रोककर
खैरियत पूछना
बुढ़ापा यानी पूजा ध्यान और तसबीह के दाने
बुढ़ापा यानी पोते-पोतियों को गोद में भरे
बैठना निश्चिन्त, परियों के किस्से सुनाना

मगर बुढ़ापे का मतलब बादशाह ख़ान भी है
बुढ़ापे का मतलब
खुली हवा के लिए
रोटी और शोरबे के लिए
दुनिया भर के पोते-पोतियों के लिए
गिरफ्तारी जेल और पीठ पर कोड़े
जुल्म के खिलाफ लड़ने की उम्र कभी खत्म नहीं होती

उम्र दराज़ हो तुम्हारी, चिनार देवदारु बादशाह ख़ान
        न विवशता न थकान न स्यापा
        हो, तो जिन्दगी की नोक हो बुढ़ापा।

जिन्दाबाद

(लाहौर में)

यहाँ शहीदों को कोई नहीं जानता
यहाँ शहीद-ए-आज़म भगत सिंह को कोई नहीं जानता
न वो पुराना लाहौर जेल
न वो पास का चौराहा
न रावी का किनारा न म्यूज़ियम
न ट्रकों के ड्राइवर

मेरा रोआँ-रोआँ काँप रहा है
ऐसा भी हो सकता है देश में कल?

ओ मेरे बच्चे
अगर तू जिन्दा रहना चाहता है तो उस महान मौत को याद रख
अगर तू मौत को हराना चाहता है तो उस
        महान अमरता को याद रख
अगर तू अपने नाती-पोतों के साथ बूढ़ा होना चाहता है
तो उस बाँकी हैट वाले नौजवान को याद रख
याद रख कि तेरी जिन्दगी उसी की बख़्शीश है
और ये हवा उसका वरदान

मेरा रोआँ-रोआँ काँप रहा है
मैं आधी रात को जोर-जोर से गरजना चाहता हूँ—
शहीदेआज़म अमर रहें
इंकलाब जिन्दाबाद!

यही बचाना

नदी–पहाड़ी तेज खौलती
खल–खल करता भुक्खड़ पानी
अब तब बिजली चमक छोड़ती
पोल खोलती ठोस जगत के।

'नहीं घाट ना नाव न डोंगी
टिन की जोड़ी ठटरी जर्जर
कैसे होंगे पार कॉमरेड
वापस चलिए चलिए वापस।
तेज है पानी छोटा टोला
चारों बगल पहाड़ी नदियाँ
वैसे भी किसको है आना
जो है जहाँ वहाँ सुख से है।
किसी तरह रह जाए सूखा
यह शरीर तो बहुत समझिए
देह बचाने को मिल जाए
कहीं आसरा बहुत समझिए।
ऐसी है बरसात कॉम्रेड
चलिए वापस जिद्‌द न धरिए
जान रहेगी सभा भी होगी
इसी देह पर सब सिंगार।'

'मेरा तो पहले से तै है
आना है जिनको वो आएँ
या ना आएँ, वहाँ मुझे तो
हर हालत में जाना ही है।
वहाँ पहुँचने, सभा लगाने
से क्या होगा नहीं जानता

लेकिन इतना तै है कि रुक
जाऊँ अगर तो टूटेगा विश्वास
और यही तो हर हालत में
हमें बचाना, चलिए साथी!'

[का. खगेन्द्र ठाकुर की कविता]

हमारे युग का नायक

खत्म हो जाएँगे राजकाज के तरीके पुराने
स्वतंत्रता समानता की राह में
नहीं है दरकार कोई दाँव-पेंच न ही कोई तिकड़म
चाहिए नहीं कोई लौहपुरुष न कूटनीतिज्ञ
जो सबसे नेक हैं सबसे दयालु जो ठगे जाने की हद तक सरल
वे ही आएँगे आगे
और ले चलेंगे सबको प्रकाश की ओर

खत्म हो जाएगा एक दिन मूर्खों का राज
पकवानों का भोग छकता महन्त
हथगोलों बारूद का ढेर गिनता सन्त
और माफिया गिरोहों के डॉन
नष्ट हो जाएँगे एक दिन
तब, जिनकी आत्मा सबसे पवित्र है
तब, जो जगे हैं, रात भर बेचैन ओस से भरे
वे ही आएँगे आगे
और ले चलेंगे सबको प्रकाश की ओर

खत्म नहीं होंगे आदिम आदर्श
खत्म नहीं होगा स्वतंत्रता-समानता का स्वप्न

मनुष्य अभी पूरा स्वतंत्र नहीं हुआ
समानता का लक्ष्य अभी पूर्ण नहीं हुआ
खत्म नहीं होगा स्वतंत्रता–समानता का स्वप्न
जो उतना ही झूठ है उतना ही सच
जितना कि शून्य जितना अनन्त–
तब, खड़े होंगे करोड़ो–करोड़ एक साथ
और चलेंगे सब प्रकाश की ओर।

निगेटिव फोटो

खूब साफ, चमकती रोशनी से गूँजती तस्वीरों से ज्यादा अच्छी लगती हैं
पुरानी, पीली कौड़ियों के रंग की तस्वीरें जहाँ रोशनी बस इतनी
कि आकार उठ सकें। लेकिन उनसे भी ज्यादा गर्भवती हैं वे
निगेटिव तस्वीरें जहाँ सब कुछ रहस्य है। जहाँ सब कुछ हो चुका है।
फिर भी जहाँ सब कुछ नहीं हुआ।
जो अभी भी आरंभ है
जहाँ हर चेहरा किसी का भी चेहरा हो सकता है।
जो भ्रूण है जीवन का गिट्टा। और
जो वयस्क है प्रस्फुटित। जो रंग भी है और स्याह भी।
जो दोनों तरफ है पार–पार। जहाँ कोई न सीधा न उलटा।
जहाँ अन्धकार और प्रकाश अपनी लड़ाई अभी भी लड़ रहे हैं। जो है।
जो नहीं है। मेरी स्मृति खुद एक निगेटिव फोटो में बदलती जा रही है।
मुझे यह संसार एक निगेटिव फोटो–सा क्यों दिख रहा है?

धमक

जब धूप उत्तर से आने लगेगी
जब पत्तियों का रंग बदल रहा होगा

तनों से खुल वे गिर रही होंगी
मैं गिरूँगा रस्सी से छूट, डोल-सा,
किसी शहर किसी गाँव या राह में
कोई हाथ बढ़ेगा कई हाथ बढ़ेंगे
धरती मुझे सँभाल लेगी चारों तरफ से
घेर लेगी, मूँद लेगा गर्भ का अन्धकार–
जीने के श्रम का अन्तिम पसीना ललाट पर शायद
उतर जाएगी आखरी फिलम पुतली पर से–

बच्चे दौड़ते जा रहे हैं हवा में झूलते
मेरे तन में धरती भरती उनकी धमक।

इच्छा

मैं जब उठूँ तो भादों हो
पूरा चन्द्रमा उगा हो ताड़ के फल-सा
गंगा भरी हों धरती के बराबर
खेत धान से धधाए
और हवा में तीज-त्योहार की गमक

इतना भरा हो संसार
कि जब मैं उठूँ तो चींटी भर जगह भी
खाली न हो।

जितनी भी है दीप्ति

धीरे-धीरे झर गई मिट्टी
रहा बचा केवल जड़-रेशा

अंश-अंश कर दमक घट रही
बादल सिर पर छाए
उतर गए सब बीच राह में
हुई उलार अब गाड़ी

हाथ आँचने उठे नागरिक
कब की टूटी पाँत
खाते-खाते दाँत झड़े पर
पत्तल पकड़े रहा किनारे

चारों ओर अँधेरा छाया
मैं भी उठूँ जला लूँ बत्ती
जितनी भी है दीप्ति भुवन में
सब मेरी पुतली में कसती।

□□□